中国近代航空类文献目录提要

王青云 何 隽 著

国家图书馆出版社

图书在版编目（CIP）数据

中国近代航空类文献目录提要 / 王青云, 何隽著 .—北京：
国家图书馆出版社, 2021.11
ISBN 978-7-5013-7155-6

Ⅰ.①中… Ⅱ.①王… ②何… Ⅲ.①航空工业—文献—图书
目录—中国—近代 Ⅳ.① Z88：V2

中国版本图书馆 CIP 数据核字 (2021) 第 217893 号

书　　名	中国近代航空类文献目录提要
著　　者	王青云　何隽
责任编辑	谢阳阳
封面设计	欧阳光华

出版发行　国家图书馆出版社（北京市西城区文津街 7 号 100034）

（原书目文献出版社　北京图书馆出版社）

010-66114536　63802249　nlcpress@nlc.cn（邮购）

网　　址	http://www.nlcpress.com
印　　装	北京金康利印刷有限公司
版次印次	2021 年 11 月第 1 版　2021 年 11 月第 1 次印刷
开　　本	787 × 1092（毫米）　1/16
印　　张	23.5
字　　数	210 千字
书　　号	ISBN 978-7-5013-7155-6
定　　价	200.00 元

前言

　　航空飞行是人类科技发展的重要领域，自古以来，就有与航空相关的各种神话传说。早在《山海经》中就记载了飞行器的传说："奇肱之国在其北，其人一臂三目，有阴有阳，乘文马。"[①] 郭璞注曰："其人善为机巧，以取百禽，能作飞车，从风远行。"[②] "奇肱飞车"是古人对航空的一种假想，而在历史发展的进程中，人类学会运用风力和空气动力为生产生活服务。晚清时期，航空知识陆续传入中国，出现了不少关于航空的时事新闻和科幻小说。与此同时，一些海外飞行家来华进行表演，普及航空知识。《申报》曾报道法国人环落在 1911 年来华飞行表演的情况："环落君为巴黎人，年三十一岁……乃于西历本年正月十号抵华。复为上海飞空之第一人。前后飞升数次，成绩昭然。"[③] 另外，中国政府购买了飞机设备，并陆续派遣留学生深入学习航空专业，冯如、厉汝燕等旅外中国人也开始致力于飞艇飞机的设计制造。1924 年，孙中山创办了航空学校和修理工厂，并派学生和部分教官去苏联深造。这一时期，在国外学习航空知识的留学生和华侨云集于广东，航空理论被大量引入中国。

　　航空救国思潮的兴起，推动了中国近代航空事业的发展。民国初年，孙中山倡导航空救国，北洋政府创办南苑航空学校，训练飞行人员，中国民族航空工业正式发端。南京国民政府时期，笕桥中央航空学校建立，军事航空事业起步发展。国民政府自办的沪蓉航空线管理处、中央飞机制造公司等航空类团体机构如雨后春笋般陆续出现，民用航空也随之取得了一定进步，其发展历程与技术环境在文献中有大量记载，其中不乏航空事业的行政公文、教程讲义等内容，具有重要的史料价值。此外，航空文献在航空工业发展中的作用十分突出，是一种宝贵的战

---

① 袁珂. 山海经校注 [M]. 上海：上海古籍出版社，1980：212—213.
② 袁珂. 山海经校注 [M]. 上海：上海古籍出版社，1980：213.
③ 姜长英. 中国航空史 [M]. 西安：西北工业大学出版社，1987：47.

略资源，应当重视对航空文献的整理和利用^①。

中国近代航空类文献，主要具有以下四个方面的史料价值：

第一，为近代航空理论及其实践在中国的传播和发展提供了丰富的史料。介绍海外航空学理论及其实践是中国近代航空类文献的重要内容。自航空理论传入以来，中国人对于航空的理解和认识，经历了由感性到理性，由仿效到改良的过程。中国航空事业建立之初，披荆斩棘，缔造艰难，国内前无师承，不可避免地需要对国外进行学习。早期的空军军事训练教程大多取法于国外已有经验，如钱昌祚所编译的《军用飞行术》一书，原为英国空军部编写。英国于 1918 年建立空军部，是最早实现空军独立的国家。一战时期，美国因缺乏航空部队，派遣 500 人赴英训练，构成其日后的基本空军队伍，由此可见英国空军的训练水平。英国空军部编写了《英国皇家航空军操典》，共分为三册，分别为《初级飞行》《应用飞行》《水飞机飞行》，钱昌祚将其中与军用航空最为密切的《应用飞行》一册进行了整理编译，以作为中央陆军军官学校航空班教材。又如黄璧编写的《航空论》一书，其中编译了大量欧美航空学论著，以及作者留学日本时，中村清二、栖原丰太郎两位老师的口授讲义内容。在基础理论应用方面，海外航空理论的编译著作占了很大的比重。引入相关理论的作者，有的不止于照搬相关理论，还加入了自己对于国际航空发展情况的理解和分析，比如在《兵器学教程附录》一书中，作者在介绍国外兵器及射法之余，对于欧美诸国及日本在相关领域的技术水平进行了详细比较，并简要地对于中国未来的取法及发展进行了概述。对中国近代航空类文献的整理，不仅可以明晰中国航空学及其相关学科研究的溯源，还对展现当时国际航空技术发展状况提供了史料支持。

第二，对中国近代航空业早期发展情况的研究提供了重要线索。中国近代航空事业的早期发展面临着极大的困难，资金、技术、人才严重不足，交通业基础十分薄弱。当时的社会舆论在《京沪通航纪略》一书中有详细记载，对于发展航空业一项，舆论颇有非议，缘由有三：其一，国家积弱，经营陆海军数十年，无救于弱，徒耗财资，即使发展航空，也无济于事；其二，国家积贫，兴办实业教

---

① 田苍林. 网络化平台与航空文献资源合理布局 [J]. 情报杂志, 2000(4): 17.

育尚且无暇；其三，马路、运河等交通基础多且未办。时任航空署署长的丁锦也提出了自己的主张：第一，花费巨大的陆海国防尚且不能撤废，航空费省而效速，应当平时预备；第二，国家少养陆军一二师，地面也不会造成空虚，可将其资费用于发展航空主权；第三，分道并行符合发展潮流，即使马路尚未普及，也不该影响其他行业的发展。类似的还有《航空学校十七年概况一览》《交通史航空编》等由政府编印的航空文献，充分展现了当时政府发展航空业的理念措施、当时航空业的实际发展情况以及所面临的困境，对当今中国航空事业的发展建设同样具有重要的参考价值。

第三，对相关馆藏航空文献的整理将大大推进专题研究的进一步深化。历史研究离不开史料，而史料的缺失对当下的航空史研究造成了一定的限制。对相关文献的整理，可以为相关专题研究提供至关重要的资料依据。例如，"helicopter"一词，今有"直升机""直升飞机"的译法。事实上，由于 helicopter 本身是与定翼机（飞机属于定翼机的一种）并列的飞行器，所以"直升飞机"的译法并不准确。20 世纪 20 年代，直升机仍处在研制阶段，再加上国内对于航空科学认识的不足，混淆了飞机与飞行器两者的概念，所以在当时出现了"直升飞机""直上飞机"的错译。直到 1929 年《工程名词草案 —— 航空工程一千二百余则》一书的出版，helicopter 才有了"直升机"这一标准译名。类似的史料信息，在相关文献中还有很多。另外，由于图书在总结记录科技成果的可靠性上更为成熟稳定，所以对于视安全为生命的民航科研领域，科研人员在文献的利用上，更加青睐于图书文献，这就格外显现出中国近代航空类文献的利用价值。

第四，对中国近代社会史的研究提供了史料支持。图书文献和期刊文献中含有大量有关航空设备的广告内容。例如，陶叔渊的论著《中国之航空》的前部分，刊载有大量航空类广告，如容克斯全金属飞机、地海佛兰其拍赛摩斯飞机、德国排伦格飞机等，其中还有如今为大众所熟识的壳牌飞机汽油、BMW 航空机器，内容丰富，图文并茂，形式多样。又如佛乐尔著的《教练飞机及其飞行仪器的探讨》是英国欧费罗公司推销其飞机的宣传册，该文献除了对该公司教练机的品种及性能进行宣传外，还对飞行员的教育以及教育设备的沿革发展情况进行了梳理，并结合中国实际国情，给予了一些建议，同样具有重要的资料价值。这些文献一方面反映了当时中国航空业的发展情况，另一方面也为社会史的研究提供了重要史料。

国家图书馆藏中国近代航空类文献数量较大，内容丰富，对近代政治史、军事史、经济史、社会史等领域的研究具有重要的史料价值，其不仅展现了中国航空事业筚路蓝缕、以启山林的历程，对中国当代航空事业也同样具有重要的参考价值。希望该书能够对相关领域的研究起到一点基础性的作用，也祝福对相关研究怀有热忱的诸位同道，能够成就一部又一部别开生面的航空史。在该书付梓之际，特别感谢于良杰和李进二位在资料收集和整理方面所给予的帮助。

鉴于水平有限，该书难免有遗漏或存在舛误之处，恳请方家学者予以批评指正。

二〇二一年八月

编纂凡例

一、该书收录内容为国家图书馆藏中国近代航空类文献，共有图书 306 种，期刊 32 种，总计 338 种。

二、该书收录的文献以 1911 年至 1949 年 10 月这一时期为区间，以航空类文献为主。

三、该书编排方式在区分图书与期刊的基础上，按照出版时间编排，即根据文献出版的时间先后编排。出版时间不详的，列于最后。

四、该书中每种文献配有照片，图书一般选自封面书影，期刊一般选自创刊号。

五、该书目著录内容分为书目信息和内容提要两部分，书目信息分为题名、责任者、著作方式。书目信息内容一般从版权页提取，无版权页时从封面提取。

（一）题名

主要包括文献名。

（二）责任者

主要包括编辑部、主编等责任者。期刊以创刊时的责任者进行著录。

（三）内容提要

主要包括在编文献概况、版本特点、内容简介和必要说明。

目录

图书

1911~1919 年

1. 航空演习纪念 ／[著者不详]

该书共分为航空历史的概况，航空对地理、交通、军事、欧战、工商的关系，飞机在空中的动作，发动机制造的原理，飞机将来的进化等十章，书中附有航空学校全体摄影、航空拍照全校房舍等多幅照片。

19 世纪末，电力的应用和内燃机的出现引发了第二次技术革命，科技进化的速度不断加快。1906 年，莱特兄弟造出一架双翼飞机，在美国各地飞行演出，大获成功。随后，飞机从纸上奇谈迅速演变成为实用工具，推动了工商业的发展，并在第一次世界大战中展示威力。此时，航空业尚处于萌芽阶段，但已然能从中瞥见其在人类发展中将扮演的重要角色。

中華民國二年三版
空中航行術
上海商務印書館藏版

2. 空中航行术／高鲁编译

该书主要介绍了气球、气艇、纸鸢、飞车的历史以及相关制法，是中国最早的航空类出版物之一。国家图书馆另藏有该书 1910 年版本的缩微文献。版权页有英文题名 *Aeronautics*。

20 世纪初，空中航行术的进步极为突出地促进了军事发展，而军事力量的消长对于国势的强弱具有至关重要的影响。1908 年，曾在比利时布鲁塞尔大学留学的高鲁依据当时欧洲已有的研究成果，将以往合编的相关著作重新做了分类编辑。一般来说，在关于航空史类的西方著作中，极少会详解具体技术方法。在此书中，作者在梳理航空史之外，对技术层面也予以着墨，并附有大量图像，以便读者理解。该书一经出版，大受欢迎，七八年之内竟印至五版[1]。

---

[1] 王乃天编. 中国近代民航史征求意见稿：上册 [M]. 中国民航史编写组，4.

3. 兵器学教程附录 /［著者不详］

该书以国别为单位，介绍了外国兵器及射法，兵器主要包括步枪及手枪、机关枪、山炮、野炮、野战重炮、轻野战曲射炮、攻守城炮、特种炮，射法内容包括瞄准法、射法。

该书认为，在当时可知火器中，威力最大的为野炮，其结构基本属于炮身后坐式。在威力及运动性上，各国火炮程度略同，但在其他火器方面，以日本为最强，而欧美诸国也投入了巨资进行研究试制，未来不久必然会超越日本。中国兵器的研究需要注意外国兵器进步的趋势，须急起直追，摆脱对外国兵工厂的依赖。在射法上，各国并无大差，但在瞄准具的选择和用法上以及射击的指导法上，各国之间存在一定的差异，如能将各国所用进行比较研究，并对其进行讨论取舍，必将大有裨益。

1920~1929 年

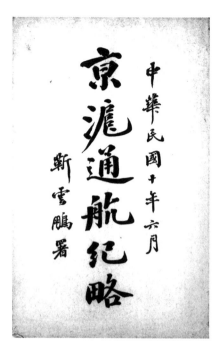

4. 京沪通航纪略 / 航空署编辑

1921 年，北京政府开辟北京—上海空中航线。该书辑入该线的机构、设置的必要、航站选择、地图、建筑工程的经过，航空署与邮政总局订立的合同等内容，不对外发售。该书由内阁总理靳云鹏题写书名，附有陆军总长蔡成勋、海军总长李鼎新、交通总长张志潭等人的题词。

京沪线为当时航空运输的中枢线。1920 年 4 月，京沪线北京—天津段试行通航。1921 年 7 月 1 日，北京—济南段试行通航，8 月上旬全线通航。京沪线设有北京、天津、济南、徐州、南京、上海航站，国内航线自此开启。关于成书的原因，绪言中说："今商业飞航，在吾国方为创举，披荆斩棘，缔造艰难。国内既已前无师承，国外又难盲为取法……尤不能不陈述其经过概情，以资将来借镜者也。"

对于发展航空业一项，舆论颇有非议，缘由有三：其一，国家积弱，经营陆海军数十年，无救于弱，徒耗财资，即使发展航空，也无济于事；其二，国家积贫，兴办实业教育尚且无暇；其三，马路、运河等交通基础多且未办。航空署署长丁锦则认为，航空业发展对于国家而言有三项优点：第一，花费巨大的陆海国防尚且不能撤废，航空费省而效速，应当平时预备；第二，国家少养陆军一二师，地面也不会造成空虚，可将其资费用于发展航空主权；第三，分道并行符合发展潮流，即使马路尚未普及，也不该影响其他行业的发展。

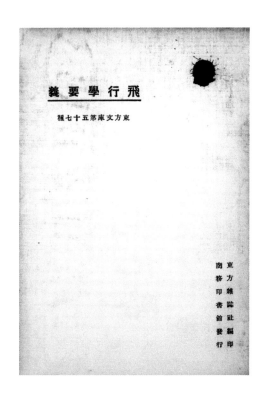

5.飞行学要义／顾绍衣编，东方杂志社编纂

该书为"东方文库丛书"的第五十七种，为东方杂志二十周年纪念刊物。内容上分为上下两编。上编为飞行机，分为二十七节，主要介绍了飞行机的构造原理、特征规律，并对构成飞行机的升降舵、推进器、方向舵等部分进行了介绍分析。下编为飞行船，分为十七节，主要介绍了飞行船的概况原理，分析了世界各国飞行船的优劣。

主编顾绍衣为中国最早研究飞机制造的学人，曾在《东方杂志》发表科教文章多篇，致力于介绍飞机、大炮、化学元素等科普内容。1918年9月，其刊登于《东方杂志》第十五卷第四号的《嗅觉与性欲之关系》，被视为中国第一篇普及性知识的科教文章[1]。在该书末尾，他也表明了著述此书的初衷："一国之中，与其出多数之研究家及制造家，毋宁出少数之实行家为胜也。鄙人述此，既非自附于飞行家，亦非娴习于飞行学，愿以此飞行界之概况，绍介于当世，为我国馨香祷祝夫实际飞行家之产生而已。"

① 邢建榕编.上海档案史料研究第13辑 [M].上海：上海三联书店,2012: 192.

6. 驾驶术教程 /［著者不详］

该书共分为飞行前后之处置、操纵、航空之方法、不时着陆、记录及报告等五篇，有图表。附录有初习驾驶规程、依航路指示器之航空方法两种。该书为"航空小丛书"第二种，书前有马文芳的"航空小丛书"序及该辑导言。该书主旨是实际驾驶飞行机方法，可作为教科书使用。

该书第一篇"飞行前后之处置"适用于地上教练，为练习驾驶的基础。第二篇"操纵"适用于空中教练和普通机师。第三篇"航空之方法"偏重于长途飞行方法。第四篇"不时着陆"为关于驾驶的最后一项课程，为摆脱险情的方法，其中的修理方法以发动机部分最为详细。第五篇"记录及报告"是对飞行事故的发生所进行的总结思考。全书内容皆取材于当时国外的典型样例。

7. 工程名词草案——航空工程一千二百余则／程瀛章、钱昌祚编订

该书收录航空工程名词一千二百余条，按英文字母顺序排列，中英文对照，无释义。该册为中国工程学会编订航空工程普通名词的一部分，书前有中国工程学会会章摘要。除航空工程外，工程名词草案还包括染织工程、机械工程、化学工程、电机工程、土木工程、无线电工程等。该书初版一千册，即分送给国内与航空工程事业有关的团体及个人，以应相关工程建设急用。

另有一则趣闻与该书相关。helicopter 一词，今有"直升机""直升飞机"的译法。事实上，由于 helicopter 本身并非飞机，而是与定翼机（飞机属于定翼机的一种）并列的飞行器，所以"直升飞机"的译法并不准确。20 世纪 20 年代，直升机仍处在研制阶段，再加上国内对航空科学认识的不足，混淆了飞机与飞行器两者的概念，所以在当时出现了"直升飞机""直上飞机"的错译。直到该书的出版，helicopter 才有了"直升机"这一标准译名[1]。

---

① 上海辞书编辑委员会编. 辞书研究：总第 35 期 [M]. 上海：上海辞书出版社，1986（1）：138—139.

8. 航空学校十七年概况一览 ／［航空学校编］

该书介绍了航空学校的缘起、组织、招生、设备、经费、法规、教育、党务、卫生、统计图表、学生体育概况等。附录有整顿航空学校计划书、黄教育长长途飞行日记、周校长长途飞行日记、本校周年大事记、扩充的改组、编辑余话等六种。封面书名由陈济棠题写。

航空学校成立于1924年7月，以"航空救国"为方针，培养航空人才。在第一次国共合作形势的推动下，孙中山学习苏联办学模式创办航空学校，是国共合作的重要成果。建校伊始，由苏联派遣教官并提供飞机等设备，聘请德国空军军官和中国空军留学人员任教，前两期学生由黄埔军校选送。1927年"四一二政变"后，更名为广东航空学校[①]。1936年，两广事变后，陈济棠下台离粤，学校被撤销。

[①]广东省地方史志编纂委员会编．广东省志：军事志［M］．广州：广东人民出版社，1999：602.

1930~1939 年

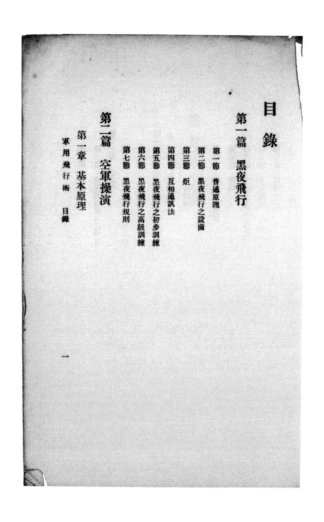

9. 军用飞行术／钱昌祚编译

该书为"中央陆军军官学校航空班丛书"，内分黑夜飞行、空军操演、空中战斗、汽艇及系留气球之攻击、地面目的物之攻击等五篇。附录有英国皇家航空军航空场黑夜飞行规则、高空飞行时养气之应用两种。

该书原为英国空军部编写。英国于1918年建立空军部，是最早实现空军独立的国家。一战时期，美国因缺乏航空部队，派遣五百人赴英训练，构成其日后基本空军队伍，由此可见英国空军的训练水平。英国空军部编写了《英国皇家航空军操典》，共分为三册，分别为《初级飞行》《应用飞行》《水飞机飞行》，钱昌祚将其中与军用航空最为密切的《应用飞行》一册进行了整理，编译为该书。

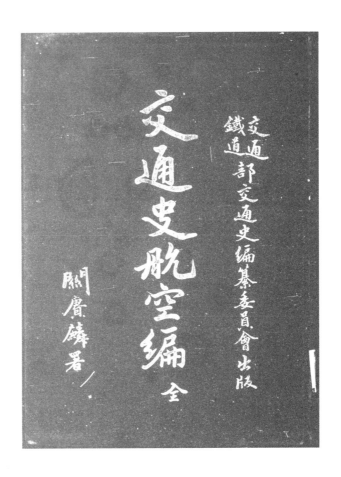

10. 交通史航空编（全编）／交通、铁道部交通史编纂委员会编辑

此编为交通史六编（包括邮政、航空、航政、路政、电政、总务）之一。所收资料年限起自清末宣统二年（1910）至国民政府成立前一日（1925.6.30），所采用的资料主要根据案卷、正式报告以及各出版品，地名、度量衡、币值等均以当时所使用名称为准，主要内容包括总务、法规、教育、路线、设备、业务、涉外事项等七章，卷末有中西文对照表及参考书一览表。书前有王伯群、孙科、韦以黻、张心澂的序言。封面题名由关赓麟题写。

书前有关赓麟《交通史航空编叙略》一文对北京政府时期的航空事业进行了评价，总体上持肯定态度："以中央之名义所办航空事项：一曰制定航空一切法规，一曰规定全国航空线路，一曰试办客货运载及邮运，一曰批准国际航空协约，一曰招待外国飞机过境。以对外言，是为我国唯一之航空主管机关。"同时，又指出其问题所在："北方政府所任督办皆非航空人才，而军事机关与航空署之联络亦少。所谓飞机队者，先后为各省调遣殆尽。"

11．中国之航空／陶叔渊编辑

该书正文前有题字"一九二九年之中国航空"，内容分为九部分：军事方面、交通方面、西湖博览会之航空陈列及航空演讲与飞机表演、第二届全国航空代表大会及中华航空协进会之改组、统一全国航空权限及系统、六年训政时期之航空工作分配年表、国产飞机、陈文麟飞行回国、航空人员之牺牲者。书前有周冠三翻译的《空中加油——德士古之伟绩、航空界之创举》以及张慕超撰写的《写在＜中国之航空＞之前》二文。

该书书前刊载有大量航空类广告，如容克斯全金属飞机、地海佛兰其拍赛摩斯飞机、德国排伦格飞机、光孚牌机器油、德国邓冶厂新制飞船、德国制造赤鹤号练习飞机、德国制造阿拉陀号军用飞机等，其中还有如今为大众所熟识的壳牌飞机汽油、BMW航空机器等，广告内容丰富，图文并茂，形式多样。相比于正文，其同样具有重要的资料价值。

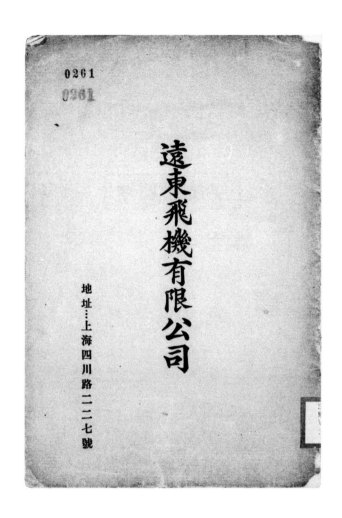

12. 教练飞机及其飞行仪器的探讨／佛乐尔 (R. Vaughan Fowler) 著

该文献是英国欧费罗公司推销其飞机的宣传册，为汉英文对照。原书名为 *Training Aeroplanes And Their Part In Flying Instruction*。该书从训练机师的角度，宣传其六二一号及六二六号飞机的适用性。六二一号飞机适用于训练初学者，六二六号则专为教授军事机师及瞭望者使用。

在飞机刚发明出来时，公众普遍认为飞行员是天赋异禀，并非后天所能训练出来的。随着航空事业的发展，业界逐渐意识到培养飞行员的重要性，于是，双座式的教练机应运而生。一战爆发后，各国开始不计成本地加大对飞行员的培养和训练。到了一战末期，训练技术方面已经达到了较高水平，但教练设备却相对落后。所以在战后，航空业又重新对教练机及其飞行仪器给予瞩目。

13. 飞机／周昌寿著

该书初版于1929年，为《万有文库》第一集，1931年版为"百科小丛书"的一种。该书共分为十九章，介绍了飞机的历史、原理、分类、构造、翼、机体、操纵装置、安定装置、发动机、螺旋桨、附属品、各式代表、棚厂与飞行场、气象、航空地图、军备、通信、照相等。国家图书馆另藏有该书1929年初版、1933再版的缩微文献。

周昌寿认为，空中交通在任何地点均可以直接联络，优于需要另外路线建设的陆上交通，又与水上交通的性质相同，兼有水路两者的长处，所以空中交通的地位最为重要，其便利性以及搭载力虽然有限，但对于未来经济、政治、军事的影响巨大。

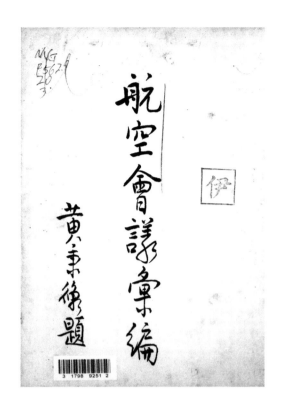

14. 航空会议汇编 /［全国航空会议秘书处编］

该汇编内有序言、题字、法规、论著、讲演词、报告、专件、记录、议案、全国航空会议宣言、杂录等。报告包括军政部航空署工作报告，交通部、海军部的航空工作报告，航空会议筹备经过报告等。书前有总理遗像遗嘱、插图四十四幅，另附有航空类广告。封面书名由黄秉衡题写，内有蒋中正、何应钦、邵元冲、王宠惠等人的题字，目录页及书口题名为"中国航空会议汇编"。该汇编的宗旨为"使阅者明了会议之意义及其经过实况"，对所有相关法规提案、审查报告及决议记录等项分类，做了最大限度的收集。议案均按照类别及审查决议次序逐案排列，并将各案审查及议决情形另列一览表。

1931年4月20日至25日，全国航空会议在南京召开，与会代表提案达二百一十件，为中国现代航空事业的发展进行了规划，奠定了发展基础。在众多的议案当中，关于航空人才培养的议案就有三十七个，其中最具代表性的为聂开一所提《呈请政府于国内著名各大学设立航空专科案》。在此次会议的推动下，国民政府决定在笕桥设立中央航空学校[①]。

---

① 渠长根主编. 民国杭州航空史 [M]. 杭州：杭州出版社，2012: 29.

15. 飞机驾驶术教范草案／军政部航空署编译

该书总则后分为六篇: 飞行前后之处置、驾驶、航空法、不时落地、记录及报告。卷末有表格。附录有初习驾驶规程草案、依航路指示器之航行法、航空之实施三种。

所谓教范, 是军事技术方面统一使用的基本教材[1]。具体为规范某个训练课题的组训方法的相关细则, 多适用于技术性强、难度大、组织比较复杂的训练课题[2], 教范中所阐述的内容准确规范、详细具体。

———————————
[1] 郑文翰主编. 军事大辞典 [M]. 上海: 上海辞书出版社, 1992: 272.
[2] 教育大辞典编纂委员会编. 教育大辞典: 第 3 卷 [M]. 上海: 上海教育出版社, 1991: 603.

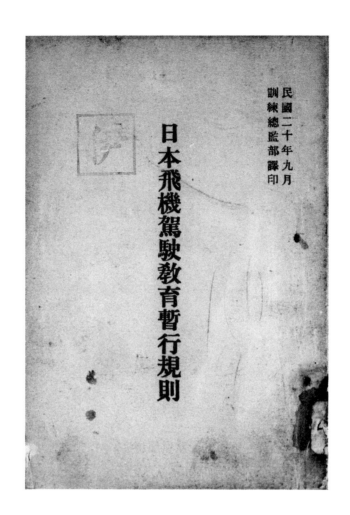

民國二十年九月
訓練總監部譯印

日本飛機駕駛教育暫行規則

16. 日本飞机驾驶教育暂行规则／训练总监部军学编译处译

该书总则后分为五篇：飞行前后之处置、驾驶、航空之方法、临时着陆、记录与报告。附录有关于练习未练飞机之规则，依航空指示器航空之方法、航空指示器之原理、航空指示器之构造、航空之实施等内容。

封面题有"训练总监部译印"。原作写就于1924年，书前有"飞机队之飞机驾驶教育　应照该书实施之　日本大正十三年六月十五日　陆军航空署长安满钦一"字样。

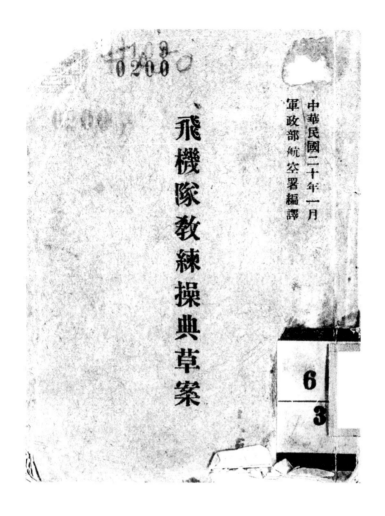

17. 飞机队教练操典草案 ／ 军政部航空署编译

该书总则后分为四篇：飞机操法教练、汽车教练、中队教练、大队教练。其中，汽车又分为单车与数车类两种。

飞机队教练的目的在于让干部及士兵熟习各种飞机制式和法则，以适应侦察和战斗任务。该操典主旨不仅在于使"动作之熟练，技术之巧妙"，更在于充实精神，所以在教与练时，应"时常做实战思想"，"自觉军人之本分"。

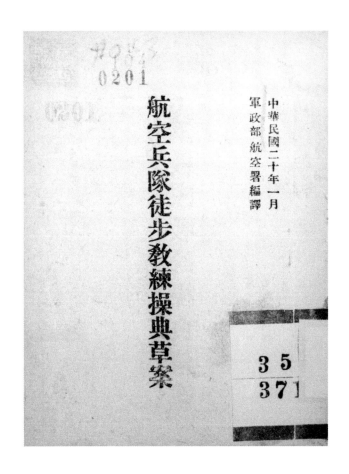

18.航空兵队徒步教练操典草案／军政部航空署编译

　　该书总纲后分三章：徒步各个教练、徒步连教练、敬礼及阅兵式并用手枪操刀持号法。其中，徒步各个教练分为徒手、持枪两类，徒步连教练分为密集、散开两类。书前有"李志森先生惠赠"字样。

　　徒步教练的目的在于"使之熟习各种制式及战斗法则，同时并养成军纪严正精神巩固之军队基础"。各个教练以"训练士兵严整其姿势，确实其动作"，中队教练"使能实行规定之动作为主体"。在熟习技艺外，最紧要的是使受训者"自知军人之本分，基于服从之本义"。

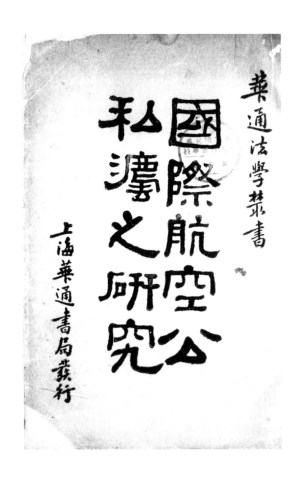

19. 国际航空公私法研究 ／ 费哲民编

　　该书为"华通法学丛书"之一，共包括国际航空公法研究、国际航空私法研究、空战之国际法的研究、国际航空立法及其沿革四篇。附录有《国际航空条约》《中美航空邮运合同》《外机飞航国境暂行办法》等十八种。该书以日本著名飞行家安达坚造所著《国际航空公私法の研究》为蓝本，第一篇对巴黎航空公约及其他相关国际协定进行讨论，第二篇主要研究国际航空私法及其实际情况，第三篇主要参照了《航空杂志》第一卷第六七期莘觉翻译的文章，第四篇为航空史料性质。附录中收集了当时中外航空主要法规及统计资料，共十二种。

　　1919 年 10 月 13 日，巴黎和会签订了《国际航空条约》，共九章四十三条，附约八种。其时，中国也曾派代表团参会签字，但事后未被政府批准，国内也未制定航空法。基于此种情形，费哲民广泛收集材料，一方面研究航空法的性质和理论，另一方面敦促政府批准国际航空公约签字有效，并要求从速制定国内航空法。

20. 爱佛罗高级军用教练机说明书 / [远东飞机公司编]

  该书为远东飞机公司赠阅的宣传品，主要介绍了爱佛罗高级教练飞机与爱佛罗式六二六高级军事教练飞机两种。书前有爱佛罗高级军事教练机照片。

  关于爱佛罗高级教练飞机，说明书主要从效率、尺度、面积三个方面介绍了其性能与特点，对于六二六高级军事教练飞机的说明则更加详细，介绍了该机可应用于攻势射击、防御射击、轰炸、无线电、空中摄影、驾驶、飞行训练等，并认为其是"最经济之飞机也矣"。

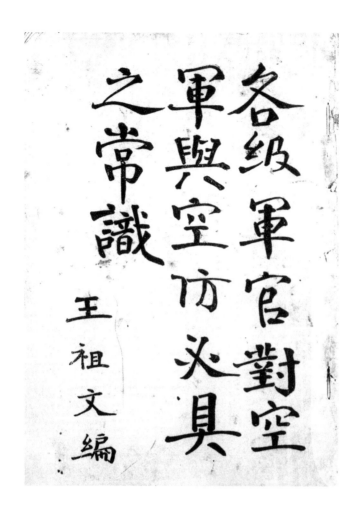

21. 各级军官对空军与空防必具之常识／王祖文编

该书分为现在航空之概况、航空机之种类、飞行之原理（飞机）、空军战术、防空等五章。扉页有"褚连长华朴兄存读　弟程希钧敬赠　二一.九.一于昔阳防次"字样。书前有陆军第二十九军参谋长张维藩序与作者自序。

留学生群体编译引进了西方大量先进航空知识。作者王祖文，早年曾留学德国，专修飞行驾驶。1933 年，单机飞跃欧亚两洲第一人的孙桐岗邀请他作为助手，驾驶容克式"月辉"号飞机，从上海起飞宣传航空救国而声名鹊起[1]。王祖文认为，中国军队的失败受空军影响最大，于是将平日讲授的讲义汇编成册，形成该书。

---

[1] 王建明著. 留学生与近代中国军事航空研究 [M]. 桂林：广西师范大学出版社,2016：224.

22. 飞机／陈诵芬著

该书为平民读物,作者通过人物对话的方式介绍了有关飞机的科学常识。书中讲述了农民王大、张三、刘四等人与东家李先生在空场上乘凉时讨论飞机的故事,通过在市镇生活的李先生之口,向村里人讲述有关飞机的见闻、原理和用途等。在介绍完飞机的常识后,李先生长叹道:"这飞机发明之后,我们中国没有受到利益,却先受到了害处。这回上海的战事,损害了许多的生命财产,就是吃敌人飞机的亏呢!"李先生所长叹的,正是在当年发生的"一·二八事变"。

1932 年 1 月 28 日,日本突然对在上海的中国驻军发动袭击,2 月 5 日上午中日空军进行激战,副队长黄毓铨殉国,成为中国空军对日抗战殉国第一人[1]。来华推销波音飞机的美国人肖特,愤慨于日军暴行,决定作为志愿者参与作战。2 月 22 日,肖特在与日军的空战中,以一敌六,壮烈牺牲,成为中国对日空战中第一位捐躯的外籍飞行员。"一·二八事变"中,日军共有三百余架飞机投入战斗,中国则仅有中央空军飞机二十五架、广东空军飞机十五架参战。虽然处于绝对劣势,但中国空军仍然奋起抵抗,大大鼓舞了民心士气。

---

① 曾景忠等编著. 血色长空: 空军抗战与抗日胜利纪实 [M]. 北京: 团结出版社, 2005: 8.

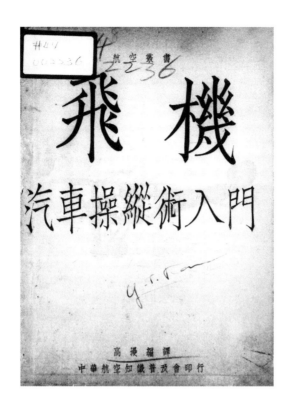

23. 飞机汽车操纵术入门／高漫编译

该书为"航空丛书"之一，内容分为飞机、汽车上下两篇。上篇包括序言、飞机的史略、飞行的原理、飞机各部之分析、驾驶器械之动作说明、航空仪器表之认识、基础飞行（初级飞行术）、艺术飞行四则（高级飞行术）、驾驶员的资格、飞机的应用及编余等。下篇除了介绍汽车外，第七章为关于飞机汽车之消息，介绍了德国的飞行热、防空展览会、中国航空建设协会办理工程及中国五大都市之航空见闻等内容。

书前有《飞机汽车操纵术入门编译大意》以及"若无健全之空防，国家将归灭亡"字样，另有葛敬恩的题字"霄汉扶轮"。编者认为，由于飞机与汽车的操纵方法有许多相同之处，驾驶汽车是驾驶飞机的初步，所以将二者结合在一起。书内插录了不少照片，一方面用以引起读者对航空的兴趣，另一方面可以使读者对航空有相对明确的概念。在序言中，编者呼吁"我们不要仅是喊呐着'航空救国'的空调，我们要着实地担起'航空救国'的责任"。

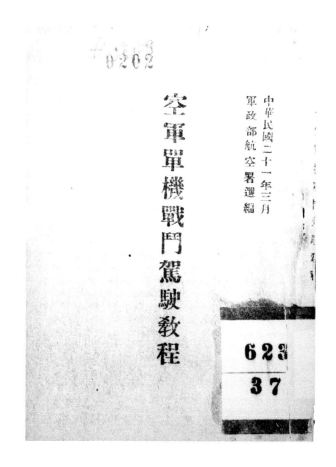

24. 空军单机战斗驾驶教程 ／ 军政部航空署选编

　　该书分为战斗驾驶员应具之性能、战斗驾驶之特性及注意、单机飞行三部分，书前有"李志森先生惠赠"字样。

　　所谓战斗驾驶，指的是"不设情况及目标而行之驾驶法也"。在掌握了基本驾驶后，须对战斗驾驶进行演练，以作为空中战斗的预防。战斗驾驶与空中战斗的关系非常密切。战斗驾驶的动作风险极高，易酿危险，所以对战斗驾驶教官的要求极高，须"以丰富之经验，详察学者之性格、体质技术，用熟达之教育法，授予一切技术，并对于易酿危险之战斗驾驶，尤宜以身作则，恳切教练"。

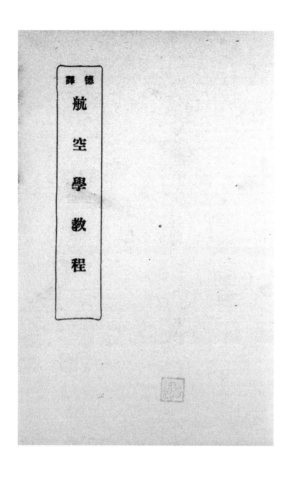

25. 德译航空学教程 /[德] 魏科波斯克 (Welkoborskg) 著，赵天锡译

　　该书为魏科波斯克在国民政府中央陆军军官学校任教时所编写的教材，主要介绍飞机的构造及运用。该书共分为三十五节，主要包括航空学名词及其意义、航空机种类、空军之种类图、空军之种类及运用、飞行初步、荣格赐（A50）式飞机说明、飞机操纵舵及其动作、单座驱逐机之图形等。书前有张治中序、作者自序及吴光杰序，附有多张照片。

　　南京国民政府自成立以来，同德国的魏玛共和国政权与第三帝国政权都建立了良好的外交关系。德国通过对华派遣军事顾问、援助军事设备等方式，促进了两国间的军事合作，对中国的军事、交通和教育等方面的建设提供了十分重要的帮助。该书作者魏科波斯克即是德国军事顾问之一，曾参与一战，以航空研究为专长。魏科波斯克将当时最先进的航空学理论，结合其一战经验，编订成此书，以供中央陆军军官学校研究使用。

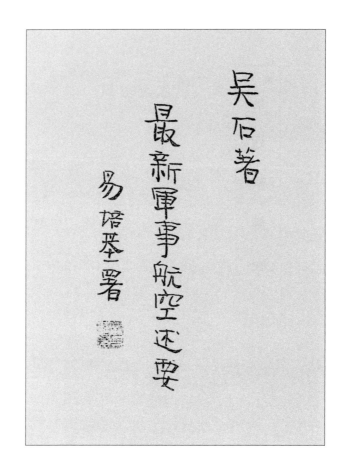

26. 最新军事航空述要 ／ 吴石著

　　该书共分为近代科学战与航空机、各种飞行队之机能、都市爆击、国土防空、列国空军之势力等五章。封面书名由易培基题写，书前有李宗仁的题字"运用之妙，存乎一心"，白崇禧的题字"航空救国"，以及刘斐序、作者自序，书末附图十张。

　　1931 年，旅居日本的吴石深刻认识到军事发展对于国家民族生存的意义，广泛收集最新军事动态，进行军事研究，他在序言中说："当次千钧一发，国脉淹淹之际，苟不急起直追，搜讨军实，覃研军学，于军事上策根本之图。则国家安存，民族安保？"该书所写内容，亦即这一时期吴石的治学成果。此书在北京、上海、南京等地发行，而吴石将所售书款如数捐出，用于发展中国航空事业①。

---

① 郑立著 . 冷月无声 [M]. 北京：中共党史出版社，2012：50—52.

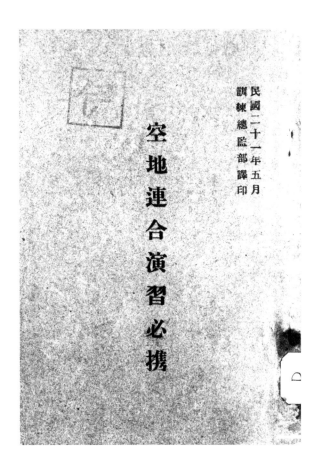

27. 空地连合演习必携 ／ 训练总监部军学编译处译

该书分为参考事项及计划两部分。书前有日本下志津陆军航空学校校长荒苟义胜序与绪言，书末附师给与航空队命令之一例、空地连络规定诸元之一例、空中写真摄影乾片数算出表三种。

该书原为日本下志津陆军航空学校教程，该校主要招收所泽陆军飞行学校完成六个月基本训练的人员，再授以侦察教育、驾驶、航空摄影等课程[1]。下志津陆军航空学校为日本陆军所辖飞行学校，是当时日本培养空军飞行员的主要学校之一。十九世纪二三十年代，有来自广西、东北等地的航空人员赴该校进修学习，并在学成归国后担任部队的飞行教官，将日本空军的先进技术和训练方法引入空军建设中，成为中国空军训练教育中的重要力量[2]。

① 唐学锋著 . 中国空军抗战史 [M]. 成都：四川大学出版社，2000：65.
② 王建明著 . 留学生与近代中国军事航空研究 [M]. 桂林：广西师范大学出版社，2016：208—209.

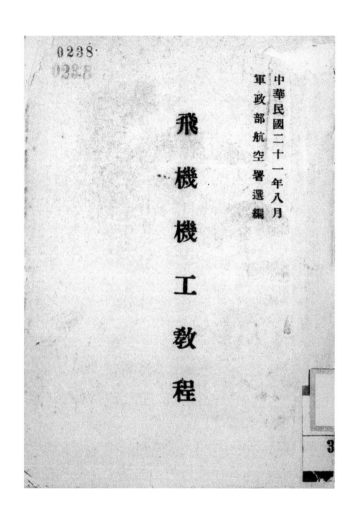

0238
0328

中華民國二十一年八月
軍政部航空署選編

飛機機工教程

28.飞机机工教程 ／ 军政部航空署选编

　　该书为培训飞机机工的教程，内容共分为器具、材料、工作、点检及规正、擦洗格纳法等五章。书末附录有飞机、计器内容二种。

　　除飞行员外，飞机机工的培养同样是不可或缺的。20世纪20年代，皖系卢永祥曾聘请外籍航空人员参与江浙战争，白俄飞行员的薪金为每月四百元，外加每飞行一小时五元，其他部分外籍飞行员，每月薪金约七百元，飞行时薪则另外计算，而飞机机工每月一千元，战时每月添加三百元[1]。由此可见，在当时，相比于飞行员，机工人才更为缺乏。

---

① 栾景河，张俊义主编.近代中国：文化与外交：下册 [M].北京：社会科学文献出版社，2012：608.

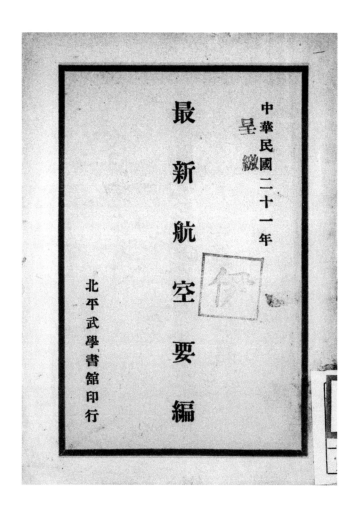

29. 最新航空要编／高福源编译

该书共分为航空器材、空中操作、飞机场及系留气球阵地、军用航空机的应用等四章。书末附有防空概观一种。书前有王以哲的题字"前进途径"、杨正治的题字"权超霄汉"和作者自序。

武学书馆成立于 1919 年，主要以军事类图书出版为主，相关出版图书通常被冠以"最新"字样，反映了第一次世界大战之后的新情况①。

---

① 《北京出版史志》编辑部编. 北京出版史志: 第 8 辑 [M]. 北京: 北京出版社,1996: 144.

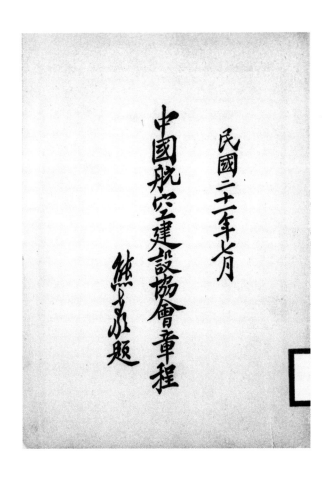

30. 中国航空建设协会章程 ／［中国航空建设协会编］

中国航空建设协会章程共有十五条。书前有朱庆澜题写的"航空救国"，另有宣言、发起人、理事、常务理事等项。该章程订立于1932年，于1936年进行修订。

中国航空建设协会成立之初，其工作计划有四：宣传航空要义、造就航空人才、发展航空事业、开办航空工业。发起人中不乏在当时具有重要社会影响力的社会名流，如史量才、查良钊、熊希龄等。该会以"集合国内外民众力量，促进中国航空建设，培养中国航空人才"为宗旨，总会设在南京，另在各县市及海外侨民居留地设立支会。该会由政府提倡成立，但并非政府机构，其在抗战之前鲜有活动，在抗战时"筹买飞机，对敌作战，成就了不少功绩"①，直接有力地支援了抗战。

---

① 《山西档案》编辑部编．山西档案［J］．《山西档案》杂志社，2016（2）：180.

31. 航空救国的意义 ／ 中国航空协会宣传组编

该书为动员群众参加航空协会的宣传小册子。书前印有"本会征求会员队　总队长：吴铁城市长　总参谋：王正廷理事"字样。书中有上海商务印书馆于"一·二八事变"被日本飞机轰炸后的废墟照片四幅以及小引一篇。

书中以甲乙二人对话的形式介绍了目前国家面临的外患危局和中国航空事业建设的迫切形势，并对中国航空协会的组织架构、宗旨目标以及会员情况进行了介绍，最后号召大家加入中国航空协会。书后附有中国航空协会理事、常务理事、秘书长名单以及中国航空协会章程概要。

32. 世界航空现状 / 黄幼雄著

该书内容包括列强空军政策与其实力、列强航空路线的现状、学术航空之惊异的进展、航空之将来、我国航空事业的勃兴、大家都在预备第二次世界大战等六个章节，介绍了法国、英国、意大利、美国、苏联与日本等国的空军实力及其航空路线，对中国航空事业的发展加以回顾和展望。

该书为"时事问题丛刊"的第十七种，该丛刊共计十八册，约三十万字，对于中国乃至世界重大问题都有系统评述，且是学校学生的重要参考读物，也是三联书店早期重要出版物之一。

33. 飞机／王世琯编

该书介绍了飞机的普及知识,包括绪言、飞机的由来与发达、原理、外形的构造、内部的构造、驾驶、种类、应用等八个章节。

作者认为,水陆运输存在天然的缺点,而航空虽然有载重能力差的不足,但由于其兼具水陆两项上的长处,而无水陆两项上的缺点,所以其未来一定会更加发达。

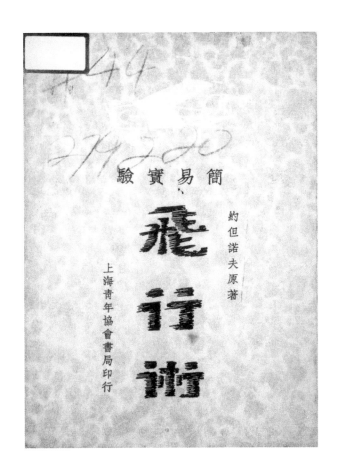

34. 简易实验飞行术 / 约但诺夫（A.Jordanoff）原著，张祖翼翻译

该书原书名为 *Flying And How To Do It*。全书共有一百二十张趣味图画，每图均配有通俗说明文字，将复杂的飞行技术以生动有趣的图解方式进行讲述。书前有佛郎克和克斯（Frank Hawks）撰写的序言。

当时的人们将飞行当作一种运动或职业，须具备超越普通人的才能才可以驾驭飞机。作者认为，应通过通俗的形式使飞行术变得简单易学。用图画的方式来讲解飞行术，既可以通过图画来描摹飞机与地面的相互位置，又可以指示出驾驶器械的位置和飞机本身的关系。

35.航空读本／杜若城编

　　该书共分为航空机之种类、航空之过去、现代飞机之性能、民用飞机、航空输送、军事航空、航空摄影及航空摄影机、飞机之构造、航空机之装备、航空发动机、推进机、航空与气象、飞行原理、飞机之重量及安定率、飞机之平衡与依三轴之安定、飞机操纵及飞行练习、高等飞行、落下伞、航空之将来等十九章。书末附有飞机之世界记录、军用机一览表、输送机一览表、练习机及娱乐机一览表、水冷却式航空发动机一览表、空气冷却航空发动机一览表、重油航空发动机一览表等七种。

　　该书按照教科书的体例进行编辑，富有科学性，致力于航空输送、军事航空及操纵技术三项，突出"军民一致防空"的意义，专供教员、学生乃至知识界参考。书中以浅显文字详解航空专门知识，以使其"常识化"。书中选图二百七十五幅，重要专业名词均附注以英文，编写严谨，内容丰富。

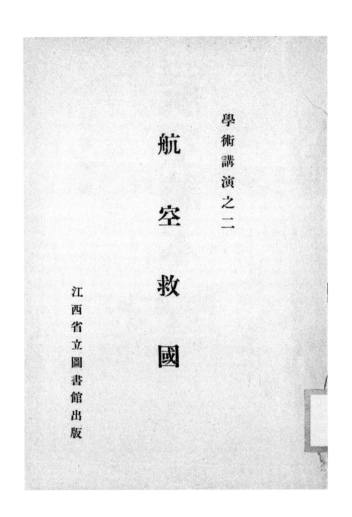

學術講演之二

航空救國

江西省立圖書館出版

36．航空救国／黎宣讲演

　　黎宣关于航空救国的讲演涉及三项内容：第一，我国航空实况及今后发展之要途；第二，飞机之构造种类用途及飞行之诸种原理；第三，航空与江西之关系。第一个内容是关于普通民众应当了解的常识性知识，第二个内容是关于航空器的学理知识，第三个内容强调航空对于江西的重要关系。

　　该书特别提到孙中山注重航空，提倡航空救国，因此民众须了解其重要意义。救国有很多途径，航空救国是其中之一。黎宣认为，之所以强调航空救国，是因为航空发展最易，收效最快，是当时世界上的新兴事业，在救国方面可起到事半功倍的效果。他并以淞沪会战为例，讲到日本侵略者以飞机进行轰炸，军队民众无以应对，深感痛苦，而这皆因航空力量薄弱，由此可见飞机在军事上的极度重要性。

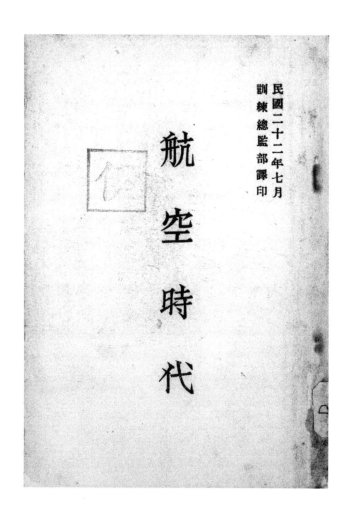

民國二十二年七月
訓練總監部譯印

航空時代

37. 航空时代／训练总监部军学编译处译

该书原系日本海军少将中岛武所著,主要概述航空的历史、航空机构、飞行术、战时攻防、各国航空政策、民间航空事业等。书末附有日本民间飞行数。在航空救国的时代背景下,该书主要为民众普及知识,因而对原书内容进行了择要叙述。

该书虽为对原著的择要概述,但通过该书内容可见当时日本对航空发展异常重视。该书原序为当时日本海军军令部长、海军上将加藤宽治,序言开门见山地写道:"国防之将来在空中,而文化之将来亦在空中。"原著内容翔实,对当时各国的机型、各国航空发展的政策颇有研究,附录甚至包括了日本民间飞机数量、各国主要商用飞机、各国之非军用航空飞机之定期航空输送能力、各国最大航空机一览等内容。

38. 航空气象学／中央航空学校教育处编

该书由中央航空学校教育处于 1933 年编。20 世纪 30 年代，在"航空救国"思潮之下，国民政府于 1931 年成立中央航空学校，专门培养初级空军军事人才。该校由中央军校航空班为基础扩建而成，因坐落于杭州笕桥，又称笕桥航校。航校教官多为美国人，采用美式教学法，气象学是其中非常重要的课程教育内容。

作为中央航空学校关于气象学的教科书，该书比较详细地介绍了气象学的诸类知识和原理。该书共有九个章节，内容包括大气、气温、气压、风、季节风、温度、云、天气图、推测气候等，皆为气象学的基础知识。

民國二十二年四月
訓練總監部譯印

征空

39. 征空 / [法] 业塞尔讲述，训练总监部译

由训练总监部军学编译处于 1933 年译印，该书曾连载于法国《多得蒙时》杂志。根据序言，该书内容原为法国业塞尔将军讲述内容，日本陆军航空本部翻译，训练总监部军学编译处翻译自日文材料。书内附有业塞尔将军的肖像画。

该书共分为五章，内容包括：一、航空之存在条件与发达条件，二、器材（各种类型的飞机），三、人员（航空员、技术员等），四、航空一般之编制（英国、意大利、美国、德国等情况），五、航空与战争之关系（陆上战略、海上战略、空中战略等）。书中结论认为，航空作为战斗的新手段，航空队是完成地上和海上作战的主要实施者，因此国防手段的第一要务为创设强大的航空力量，并应当予以维持。

40.军事航空／新中国建设学会编译

该书分七章，分别讲述了陆军用航空机、海军用航空机、航空母舰与射出机、炸空—空中轰炸、防空—空中防守、列国陆军空军之现状以及列国海军空军之现况等。上述内容均为罗心夫搜集的当时日本出版的最新书籍中有关陆军航空兵和海军航空兵、军官的文章，主要是航空相关的普及性知识和列国现有空军之概况。编者尤其提及"一·二八事变"，人民之生命财产惨遭破坏，盖因无空军之故。国防之重在于建设空军。

该书关于军事航空的知识和各国概况涉及内容较广泛，包括战斗机、练习机、轰炸机、侦察机等各类陆军用和海军用航空机，航空母舰及舰载飞机，炸弹种类及效力和炸弹投下法，高射炮队、高射机关枪、照空灯等防空方法，美日英法意等国的海军航空现状等。

41．世界空军大观／许啸天主编

该书为许啸天主编，新华书局于1933年出版，主译者有王灿芝，译述者有张庆璋、孙野萍。全书共分为创造飞行机的历史、构成飞行机的原理、战争与科学、航空用兵器的威力、飞行术、航空法、海军用航空设备、陆军用航空设备、空中袭击、空中防制、商业航空、航空港与航空路、航空与气象、航空摄影通信、航空心理、航空病理等十六个部分，附录主要讲述近代兵器的特性及其补给，并专门阐述了如何防避飞机。书前有特载——《从军事航空说到商业航空》。

该书有时任上海市市长吴铁城的题词："以军事航空知识灌输于全国青年。"航空救国思潮是当时中国青年救亡图存的重要选择，举国上下都在为推动航空事业以不同的形式贡献力量。

空中射擊術

中央航空學校
教育處編
1933

42. 空中射击术 ／ 中央航空学校教育处编

全书共分为七章：第一章为总说，介绍空中射击之起源、目的和特性；第二章为弹道一般学理，介绍弹丸和弹道原理；第三章为飞机之运动及与射击之一般关系，介绍飞机运动、飞机与射击之关系等；第四章为修正之一般学理，介绍目标修正和射手修正等内容；第五章为射击诸元之判定，介绍距离之判定和速度之判定等内容；第六章为射击之一般要领，介绍射击方向之选定、照准法之选定和各种机关枪之射击要领等内容；第七章为射击效力，介绍射击集散法则、命中公算和弹丸威力等内容。书后有八张附表，包括维克斯机关枪假射表等各种射击参数等内容。

43. 商业航空建设 / 邓孤魂编著

该书由邓孤魂编著，王云五为主编，国家图书馆所藏的两个版本为商务印书馆分别于 1933 年、1934 年在上海出版。前者属"百科小丛书"，后者属"商学小丛书"。

该书（1933 年版）包括航空史略、商业航空与国防的关系、中国航线网的组织、航空建设工程以及各国商业航空组织、航空机、人员、立法、空运等十章，尤其是航空建设工程一章，作者予以了详细记述，后附有空运组织、转运普通条件和价格之规定等内容。

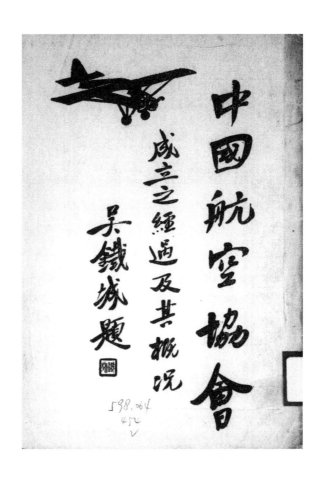

44．中国航空协会成立之经过及其概况 ／ 中国航空协会宣传组编

　　该书由中国航空协会宣传组于 1933 年编印，讲述的是中国航空协会成立之经过及其概况，主要包括摄影、该会组织之经过、该会会务进行之概况、航空宣传周以及各界人士的相关讲演和中国航空协会章程等内容。

　　摄影内容主要为中国航空协会上海总会所、协会筹备会成立会留影，协会成立大会招待来宾留影及协会秘书长林我将等留影。"协会组织经过之大概"部分包括协会筹备过程、上海市市长吴铁城等各界人士演讲词、协会成立大会、协会成立通电、各方贺电、第一次理事大会至第四次常务理事会等内容，林我将理事报告本会成立之经过、吴铁城市长之演讲词等。该书收录了新闻界领导宣传，如姜怀素先生播音演讲。工界领导宣传，如杜月笙理事、陆京士先生播音演讲；商界领导宣传，如王晓籁理事、虞洽卿先生播音演讲；以及各界联合纪念大会、协会征求会员宣言、入会规则、协会章程、理事会会议规则、常务理事会会议规则、协会航空基金保管委员会章程和各地各界捐购飞机的记载等内容。

45. 航空通论／姚士宣编译

该书由姚士宣编译，商务印书馆印刷发行。全书共分为航空史之初叶、航空器之种类与飞升之原因、航空器之应用、军事飞行员之教练、航空器之可靠性、欧美商用航空之概况、航空器之将来等七章。该书还附有大量插图，插图总计二十八幅，如第一图为"人类因欲解决飞行之神秘，最初仅取法于鸟类"，第四图为"停泊于铁柱上之美国军用软式气艇"，第十四图为"自由气球"，第十九图为"机关枪射击教练"，第二十八图为"飞机攻击坦克车"等，材料丰富。

46. 广东航空学校专刊／广州空军司令部航空学校编译室编辑

该书为广东航空学校专刊，共二十二部分，具体包括孙中山先生遗像和遗嘱、校旗、校歌和校训，题字，序文，图像，沿革，章制，法则，校务，机务概况，医务概况，体育概况，图书概况，交通概况，学生队概况，见习队概况，民航班概况，全校人员一览表等内容。

1924 年，在国共实现第一次合作的大环境下，为推动中国革命发展，培养中国革命的空军力量，孙中山学习苏联创办广东军事飞机学校（即广东航空学校），其与黄埔军校一样都是国共合作的成果。书中校训为：胆志须大，心思须细，求学宜勤，处事宜信。该书内容涉及校务及在校人员，主要为第六期和第七期学员情况，具有重要的史料价值。

47. 飞机 ∕ 吕谌著

　　该书是由商务印书馆发行的增订本，扉页印有"李志森先生惠赠"字样，其后可见"学术科图书馆"印章和"北京图书馆藏书"藏书印。

　　该书共包括历史、飞行之原理、类别、气动学、机翼之构造、机翼之装置、机身之构造、机身之内部、驾驶面之构造、轮架之构造、飞行与安定、发动机与螺旋桨、发动机之解剖、飞机之装置及检查、发动机之修养、重量与阻力、飞行之联系、飞行之应用和各国有名的飞机及发动机等十九章。书末附有汉英名词对照表。

48. 航空常识／王锡纶编译

该书共有航空之种类、飞机之历史、现在飞机之性能、民用飞机、航空运输、军用飞机、飞机之构造、航空发动机、螺旋桨、空气之性质、飞行之原理、飞机之安定与驾驶、飞机之重量与强度、降落伞、航空之将来等十五章。附录有《飞机之世界纪录》一种，内容截止于1931年末。

书中附有大量插图，如硬式飞船之构造、练习滑翔机、旋翼机、飞机制造厂、侦察用飞艇、水路两用机等插图，并且关于飞机各部件构造的阐述中有大量中英文对照词汇，用以表述飞机各构造部件的名称，是一部图文并茂的航空常识图书。

49. 航空用语辞典／中央航空学校教育处编

　　该书由中央航空学校教育处编，为航空用语的英汉辞典，内容按照英文字母顺序排列。在正文之前，有"略语表一"和"略语表二"，分别为英文略语表和汉语略语表。略语表一（英文略语表）有十一个英文省略语，略语表二（汉语略语表）有二十四个涉及航空的省略语。正文之后还有两页"补遗"内容。

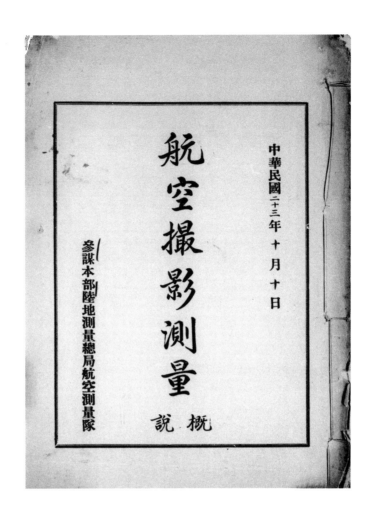

50. 航空撮影测量概说 /[参谋本部陆地测量总局航空测量队编]

　　该书扉页为"测量总局航空测量队鸟瞰图"，其后为目录页。全书分为八个部分：该队之组织、航空测量工作之次序、航空测量队工作经过、航空撮影测量成图方法概述、航空土地测量实施程序、航空测量之用途、航空测量之优点、附图。全书总页数不多。

　　该书目录与内容章节不完全对应，一、二部分为组织结构图，三至七部分在正文里对应的是第一至第五部分。附图共有五幅，第一幅为"漳龙铁路江东桥铁路测量之航空撮影"，最后一幅为"扬子江宜渝段"。

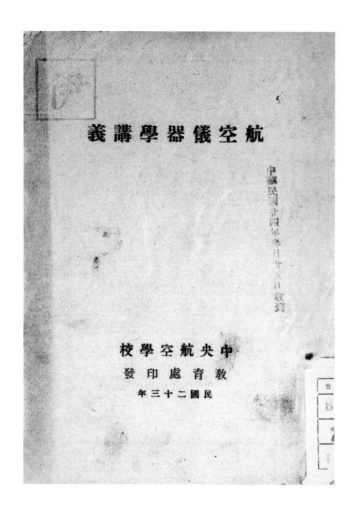

51. 航空仪器学讲义／聂光坡、张传忠编辑，空军军士学校教育处教授科编

该书由中央航空学校教育处编，空军军士学校印。全书共分四篇：第一篇为总说，共有一章概况；第二篇为发动机仪表，包含转速表、压力表、温度表和油量表；第三篇为飞行仪表，包含高度表、空速表、异降速度表、方向仪、地平仪等；第四篇为特殊仪表，包含氧气调节器。该书最后为"航空仪器学正误表"。

52.发展航空计划书 / 刘献捷著

　　该书由工学博士刘献捷著，李扶夫校对。全书包括自序、通论、划分航空军区、各省宜速设航空处、各省设立航空协会、人才训练之建议、训练飞航及技术人才不宜专用军官等十二个部分。

　　该书为"九一八事变"后，作者受民众捐款购置飞机影响而做的中小规模飞机工厂计划，发表于《大公报》。回国后，在举国上下航空救国思潮感染下，虑及国内虽航空事业蒸蒸日进，但具体计划欠缺，作者遂在原文基础上做航空计划一书，探讨各项问题。

53. 航空救国给奖纪念刊／中国航空协会编

　　该书由中国航空协会于 1934 年编印，旨在纪念征募救国基金给奖典礼。中国航空协会于 1933 年由时任上海市市长吴铁城作为航空救国基金征求队总队长，面向全市征募救国基金，征募活动卓有成效，因而举行给奖典礼以资纪念。

　　该书内容包括该会使命、得奖团体及个人名录、征募经过述略、中国航空协会组织经过、中国航空协会时任理事名录、中国航空协会章程、中国航空协会捐机记、世界航空进展大势以及中国应有之准备、航空学社筹备经过及其将来等。书内可见"国立北平图书馆收藏"之印，亦可见许多有关"航空救国"的标语，如"非航空无以安内御外""非建设航空不能解除国难"等。

54. 最近各国航空事业／潘树藩著

该书由潘树藩著,商务印书馆于1934年出版,由黄秉衡题写书名。该书为"航空丛书"之一种,共十章,除导言和结论外,主要讲述法国、英国、意大利、苏俄、德国、美国、日本以及中国的航空事业,内容涉及空军机关之组织、航空预算、空军之实力、航空学校、民用航空、陆军和海军航空、航空工程、航空场站、航空运输、航空路线等。另有附录两种,分别为参考书和参考杂志。

作者统计各国空军数据,并加以比较,披露各国空军实力,并比较得出当时中国空军薄弱的实际现状,以此凸显中国努力发展航空事业的必要性。知己知彼,方能百战百胜,是该书的写作动机,同时也体现了作者对航空事业抱有的极大热情和对航空强国的信心。

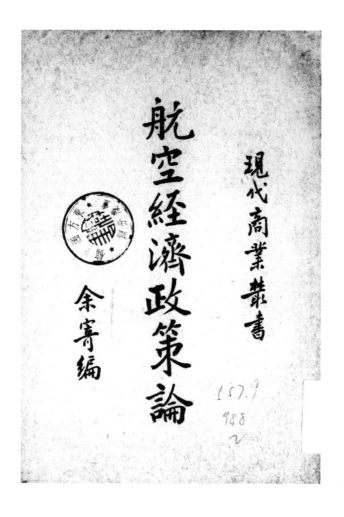

55. 航空经济政策论 / 余寄编

该书为"现代商业丛书"之一种,以日本楢崎敏雄所著《航空经济政策论》为蓝本,并参考其他中外著述编成。全书内容分为两编,分别为"通论"与"本论"。

第一编"通论"主要叙述航空发展政策、航空机的效用、空域法理论、航空条约、航业责任等;第二编"本论"主要叙述现代交通问题、航空运输比较、航空运输条件、美英法德等国航空运输状况、航空运输公司以及对我国航空事业的希望等。

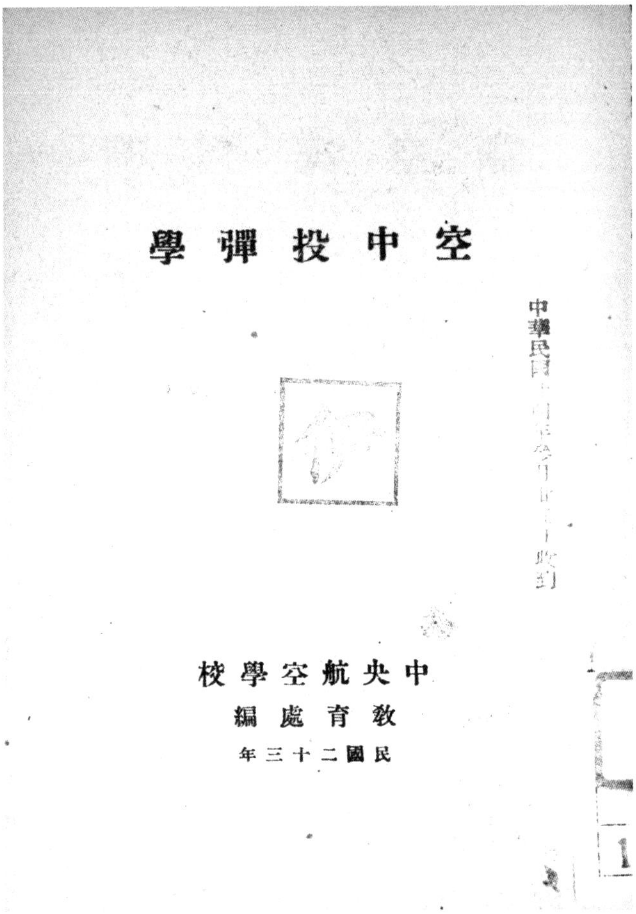

空中投弹学

中央航空学校
教育处 编
民国二十三年

56. 空中投弹学／中央航空学校教育处编

该书共分为炸弹弹道之性质、定义、偏航及方向、瞄准方法、误差、计分及记录、A 式轰炸瞄准器、D-1.D-4 式及附 a.b.c 改良式瞄准器等八章。书末附华英名词对照表。

空中投弹学主要涉及的概念包括射程、射程角、退曳程、程滞差、时滞差、终速、空速、地速、偏差角、偏差等，书中有多幅图表。其为中央航空学校编写的航空教材。

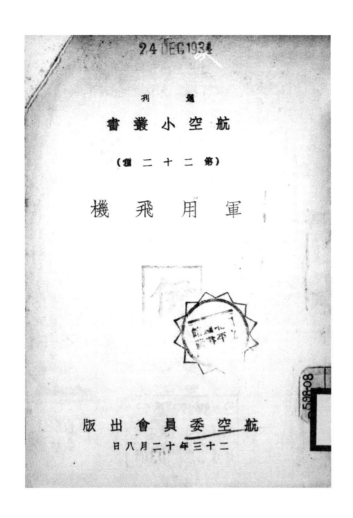

57. 军用飞机 / [航空委员会编]

该书为"航空小丛书"第二十二种，分为绪言、军用飞机之种类、军用飞机之性能等部分，主要以科普类内容为主。

一战时期，军用飞机开始投入应用，一方面可以轰炸地方陆海军部队，消灭其战斗能力，另一方面可以破坏敌方的政治中枢、经济资源等。因此，在当时，空军被认为是未来决定战场胜负的关键。作者将军用飞机分为轰炸机、战斗机和侦察机三大类，又对各类别进行了详细分析，并在结论中预言"今后出现之军用飞机，将有不可思议之威力，殆无疑义焉"。

D-4a轟炸瞄準器說明書

中央航空學校
教育處編
民國二十三年

623J
505

58.D-4a 轰炸瞄准器说明书 ／ 中央航空学校教育处编

　　该书为 D-4a 轰炸瞄准器的使用说明书,书中介绍了空中轰炸的背景情况,D-4a 轰炸瞄准器的组成、性能、使用说明、装置、使用须知、保管、装运,后配有示意图若干。

　　飞机轰炸是空军作战的重要内容,要实现有效的轰炸,则以在较高的高度为最,因此十分依赖于精准可靠的轰炸瞄准器。D-4a 轰炸瞄准器是基于 D-4 式轰炸瞄准器所进行的改良版,具有延长重点速率范围、偏航操纵更易处理等优点,美国陆海军配置最多。

59. 飞机动力学 ／ 中央航空学校教育处编

该书共分为绪论，以及概论、水平直线飞行、螺旋桨、直线飘飞、上升飞行、高度影响之飞行性能、水平圆圈飞行、螺旋飘飞、风、发动机及飞机重量、活动半径、安定、高度对于发动机性能之影响等十三章。

飞机动力学是研究飞机在空中的运动规律及总体性能的科学，是应用力学的分支，服务于飞机的设计和使用，是当时中央航空学校、南京中央大学、清华大学研究院、上海交通大学等学校航空工程教育的重要内容。

60. 浮卡特 K-4 空中照相机说明书 ╱ 中央航空学校教育处编

　　该书为浮卡特 K-4 空中照相机的使用说明书，书中共分为绪论、概述、装置、使用、监察与保管、照相机身、镜头筒、软片匣、时间间隔计、电缆、照相机架、携运箱等十二节。

　　浮卡特 K-4 空中照相机为高空摄取垂直空中照相使用，由电气马达转动，其运用多为自动。该书的主要目的在于说明浮卡特 K-4 空中照相机的保管方法，所述内容对于平常检查、上油及修理均有帮助，为此照相机的基本技术指导书。

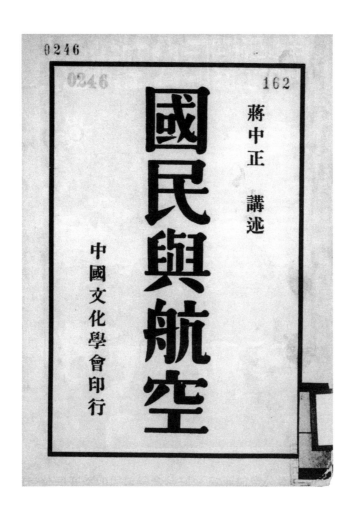

61. 国民与航空 ／ 蒋中正讲述

该书共分为航空史略、航空与现代文化、航空与现代军事、各国空军现势及其国防、航空与中国、航空国防建设的急图等六章。该书为"国民军事丛书"第一种，国家图书馆另藏有该书1939年黄埔丛书版。

该书为蒋中正关于空军战略思想的重要论述。书中介绍了西方国家空军的情况，认为法国空军为世界第一，并重点对日本空军进行了分析。此外，蒋还阐释了"无空防即无国防"的观点，认为建设强大独立的空军是巩固国防的关键，并提出了空军远征的设想，强调了发展航空事业的重要性。

62. 航空法 ／ 中央航空学校教育处编

　　该书分为平时航空法、战时航空法上下两卷。上卷分为空中主权、航空器之国籍与注册、航空器之标志、航空器执照之核许、航空器人员之任用、航空器之检查、飞行之普通条例及规则、飞机场、刑法与公安、赔偿义务等十章。附录有航空行政、国际航空条约论、国民政府军政部航空署飞行规则、航空署拟订航空禁航区域条例草案、国际航空运输条例、英国航空法条文、美国商业航空条例、德国航空条例、苏联航空法、日本航空法等十种。下卷分为绪论、空战法两编，附录有陆战法规惯例条约、开战时敌国商船地位条约、伦敦宣言等六种。国家图书馆另藏有 1936 年平时航空法单卷本。

　　1899 年，在荷兰海牙举办的第一次和平会议，正式讨论航空问题，此为航空立法之发端。第一次世界大战后，各国积极签订各类航空条约，为航空法的产生奠定基础。当时的中国航空业虽然已有所发展，但有关航空的法律却迟迟未出台。该书对欧美等国的航空法进行系统研究，为中国航空法的制定提供了有益的参考。

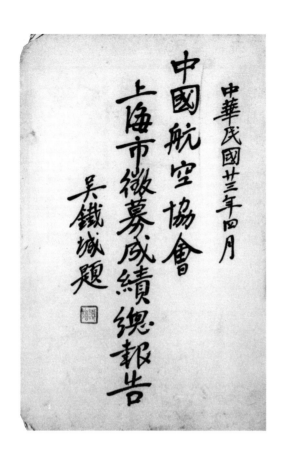

63. 中国航空协会上海市征募成绩总报告 ∕ [中国航空协会编]

该书为 1933 年航空救国献机运动的报告，内容包括征募经过之概况、征募成绩总报告表、各队详细成绩、该办事处征募成绩、征求会员代办处征募成绩、各处特捐、各队征募成绩补编，附录有（上海市第一号）命名典礼纪略、沪商沪工沪校沪童军宁波号等五机命名典礼纪略、中国航空协会为承德失守事告国人书三种。

该书书名由上海市市长吴铁城题写，书前有名人、活动、飞机等相片多幅。编者描述了征募工作所遇到的困难。在征募款项时，多为虚认数目，现款捐献者极少。五轮募捐后，仅收到募款原定最低限度的一半。该书编纂之初，向各通讯社、新闻社以及报馆征求飞机照片，但应者寥寥，从中不难看出中国航空事业初期的艰难。

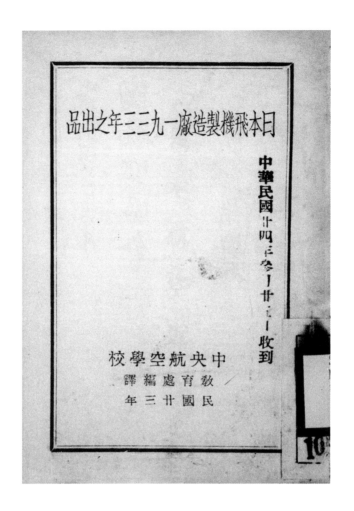

日本飛機製造廠一九三三年之出品

中華民國廿四年[...] 收到

中央航空學校
教育處編譯
民國廿三年

64．日本飞机制造厂一九三三年之出品 ／ 中央航空学校教育处编译

该书介绍了日本熹庐海军舰厂（佐世保）、爱奇时计及电机制造公司、石川岛航空器有限公司、河西航空机公司、川崎船厂有限公司、中岛航空机厂、三井航空器有限公司的组织、人事和历史发展等情况，并对以上兵工厂在 1933 年生产的飞机、军舰等进行了分析，指标量化，内容详尽，对于了解、掌握当时的日本军工发展情况具有重要的参考价值。

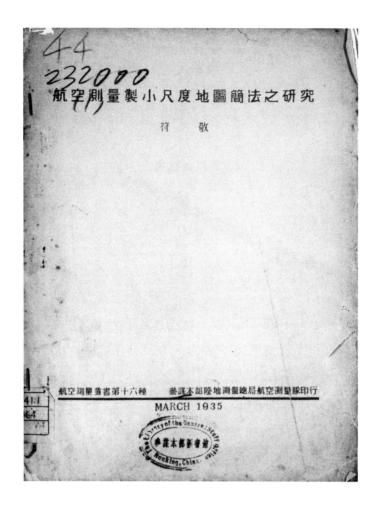

65．航空测量制小尺度地图简法之研究／符敬著

该书为"航空测量丛书"第十六种，书中共包括方法概要、方法之研究、实施概况三个部分。航空测量制小尺度地图简法指的是利用空中摄影技术拍摄尺度较小的照片，其间不必仰赖仪器的作业能力，而是单靠人工技术进行校正，缩绘为地形图，内容包括航摄、空中控制锁之选测、缩绘和计高四种。

随着航空事业的发展以及军事形势的变化，各项事业对于工程地图、行政地图和军用地图的需求趋于紧迫，航空测量工作在中国由此起步。由于当时的中国受国力限制，再加上幅员辽阔，一方面需要快速制图，另一方面需要节省成本，所以小尺度地图简法最为适合。

66. 考察欧美各国航空报告书／钱昌祚著

该书共收录《各国空军技术军官军士教育情形及我国空军技术教育改进意见》《各国航空研究所之概况及我国航空研究所组织进行之意见》《各国飞机制造厂概况及我国各飞机制造厂改进意见书》《各国航空修理厂概况及我国飞机修理养护问题之意见》等九篇专题报告，附录有考察航空日程表、考察机关学校工厂项数统计表两种。书名由钱昌祚自题。

钱昌祚入职航空机械学校后，即呈报赴欧美考察航空的计划，希望借鉴欧美先进航空经验。1936 年 9 月，钱昌祚奉命前往欧洲十六个国家考察研究航空事业发展情况。次年 2 月，钱昌祚回到南昌，对考察情况进行了分析总结，编就此书①。

---

① 钱昌祚著. 浮生百记 [M]. 传记文学杂志社，1975：47.

要綱練訓校學行飛央中國英

校學空航央中

民國二十四年

67. 英国中央飞行学校训练纲要／胡伯琴、朱大文翻译

该书内容主要为带飞、滑走及发动机处理、操纵系之效用、平直飞行等二十七个训练要素说明，其中空中航行术、强迫降落试验、高空飞行试验、越野飞行试验、带飞试验和仪器飞行六个要素仅有名称，未做展开说明。各篇说明均力求简短，并附有实地表演时的指示。书后另有"高级进场降落训练纲要之意见——开发动机"一节。该书为中央航空学校编译的教材，对于了解当时中国及英国飞行学校的教育情况具有重要的参考价值。

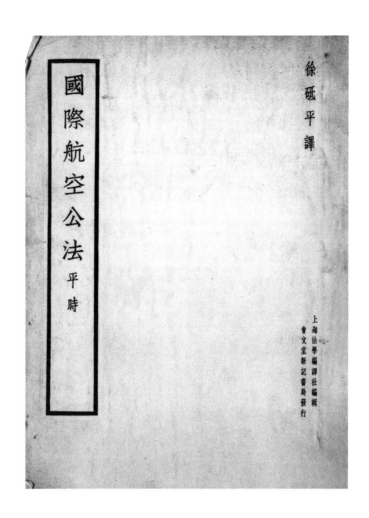

68．国际航空公法／J．Kroell 著，徐砥平译述

该书共分为空际之法律制度、主权之物质范围——疆界、国家之权利与义务、国际联盟会与航空、空中国际争端之和平解决等五编。国家图书馆另藏有该书1937 年版本。

国际航空法是调整国际航空活动、关系的一系列规则的总称，包括国际航空公法与国际航空私法。公法部分主要涉及国家主权、领土、管辖权以及国际组织和国家对国际航空活动的管理与管制等问题①。该书所研究探讨的为国际公法平时法方面的航空问题，不包括国内及战时法的航空问题。

---

① 余先予主编．国际法律大辞典 [M]．长沙：湖南出版社，1995：805．

69. 航空学讲义／饶国璋编辑，教育处编审委员会审核

该书共分为航空器之种类、飞机之型别、空气抵抗、翼面、飞机之安定、螺旋桨、发动机、风与航空器受指挥区之关系、飞机之性能、航空器之应用等十章。作者饶国璋为当时中央航空学校教官，并担任教授科科长。

饶国璋早年自费赴日本留学，后赴法国勤工俭学，学习欧洲最新的航空科学技术和汽车制造技术，对空气动力学、飞机设计、飞机制造等内容进行潜心研究和实践，归国后进入中央航空学校任教。饶国璋认为空军"但求自立者，必先得独立之地位"，只有实现空军真正意义上的独立自主，才能真正实现航空自主。该书为中央航空学校的教材，充分体现了作者对航空学领域的系统认识。

民國二十四年五月
訓練總監部譯印

空中戰

70. 空中战 / [日] 大场弥平著，训练总监部译

该书共分为空军之出现与战争之三次元、空中战斗之真相、空中战与驱逐机、空中侦察与侦察机之战斗、空袭、空中之毒气战、空中防御、飞行船之军事的价值与一般之现势、列国空军之现势、日本空军之现势与新使命、远东之空与日本等十一章。该书为"军事科学讲座丛书"第六种，为1933年北平星光出版社《空中战》一书的不同译本。

空中战指的是"战争的时候，先由双方的空军，从事领空权的争夺战争"①。夺取领空权的空军，可协同陆军，攻击对方的陆军部队，从而充分发挥空军自身超越战线的优势。20世纪30年代，日本军界高度重视空中战的有关研究，如有山田新吾的《现代空中战之都市攻防》、野口昂的《空中战时代》及楢崎敏雄的《空中战争论》等，该书即是其中的重要成果之一。

---

① [日] 平田晋策著. 日本的假想敌劳农赤军 [M]. 张孤山，译. 上海：南京书店，1933：252.

71. 世界空军／吴敬安著

该书首先对法国、意大利、英国、美国、苏俄和德国的国家航空事业情况进行了简要概述，而后按照国家名称首字母排列顺序，分章节对埃塞俄比亚、阿富汗、阿拉伯、阿根廷、比利时、玻利维亚、巴西、英国、澳大利亚、加拿大等四十五个国家的空军情况进行了介绍。书前有蒋中正"空军大观"题字，张学良"包举宇内"题字以及孔祥熙亲笔序。

各国对航空事业的发展多有自身特定的政策，其发展情形和重点也各有不同。该书简要介绍了有关国家的基本国情、政情、空军组成、机场分布、空校概况等内容，覆盖面广，对于研究这一时期世界空军情况具有重要的文献价值。

72. 航空与国防 ／ 陶叔渊著

　　该书为"国防丛书"第七种，共分为绪论、空军在国防上的价值与地位、航空器的种类及其用途、军用飞机的种类及其性能、航空兵器的种类及其效用、空军与陆上的诸兵种的关系、空军对于海军的关系、航空母舰的现在和将来、列强空军的现状、空防的意义和都市空防的重要等十章，书后附防护毒气的要领。

　　该书主旨在于向国民普及航空事业对国防的重要性，所以在文字上力求浅显易懂，并配以多幅图片，以便读者了解航空器械的性能和使用方法。同时，对于当时主要国家的空军实力做了详细记载，并介绍了有关毒气战的防御办法。该书虽不是理论意义上的国防经济学，但对经济领域和国防的关系多有着墨。

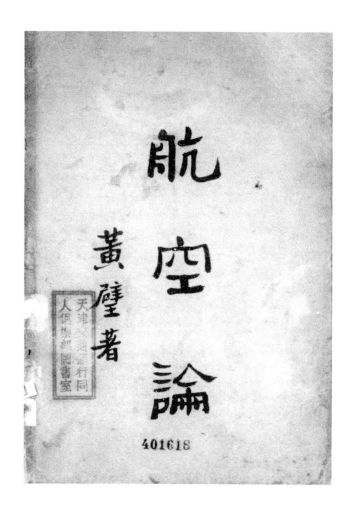

73. 航空论／黄璧著

该书初版于 1925 年，英文名为 *Aeronautics*，国图所藏为国难后二版。该书共有十三章，介绍了空气的性质、滑翔、推进机、飞机的构造、航空等普及性知识。书中出现的科学名词，大多取当时通用之语，部分附上英文，供读者参考。人名与地名部分，除采取通用语以外的，只用英文原名，以示严谨。

作者黄璧为中国近代兵工学家，早年赴日本留学，毕业于日本东京帝国大学造兵科。该书所参考的文献资料，除欧美论著之外，还有作者留学日本时中村清二、栖原丰太郎两位老师的口授讲义。当时世界航空学科的相关技术动态在此书中可见一斑。

空军作戰命令程式

校 學 空 航 央 中
年四十二國民

74. 空军作战命令程式／刘寒江编译

该书共分为五章，主要介绍了作战命令定义和范围、拟办作战命令时应注意之事项、书面作战命令、笔记命令与口达命令、空军命令之格式及举例等。

作战命令是"指挥员或指挥机构对所属部队作战行动任务下达的作战指令"①。作战命令用以说明战争形势，宣布司令官的决心与计划，确定下级战术单位的工作等，是整个战争动作的预定程序。该书较为细致地阐述了不同情况下的各类空军作战命令，并辅以相关例子，尤其第五章空军命令的举例内容比较丰富，共列举了正式作战命令、口达命令等九项内容的案例，每一项都涉及多个具体例子。

① 岳磊，马亚平，徐俊强，李元. 面向语义的作战命令形式化描述及本体构建 [J]. 指挥控制与仿真，2012，34（1）：11.

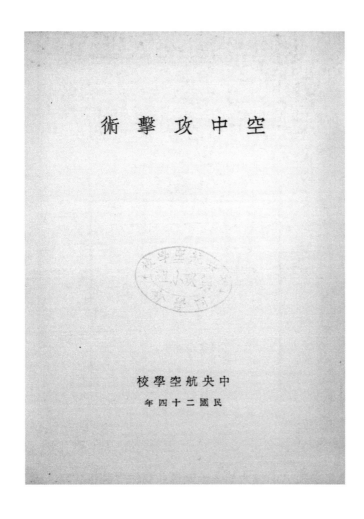

空中攻撃術

中央航空學校
民國二十四年

75. 空中攻击术 ／ 中央航空学校编

该书共分为四章，第一章攻击任务的内容包括攻击原理、攻击设备及训练等，第二章攻击技术的内容包括地面组织、命令及报告等，第三章攻击之运用的内容包括一般关系状况、空中混合作战等，第四章介绍了四个有关空中攻击的例题。

空中攻击系空中飞行的一种，目的在于以炸弹及机关枪攻击军事目标。其基本任务在扰乱和牵制地面兵力，阻滞敌方军事行动等。作为当时中央航空学校用书，该书尤其注重实际应用，特别是例题部分，每一个例题均分为"形势与条件、解答和讨论"三部分，甚为详细。

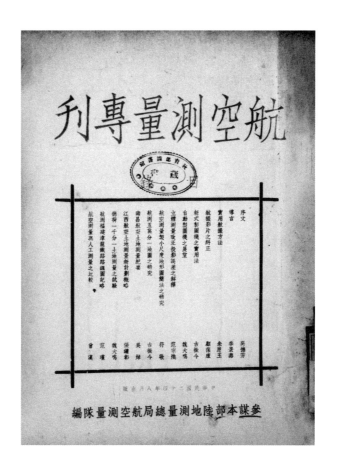

76. 航空测量专刊／参谋本部陆地测量总局航空测量队编

该书由南京国民政府参谋本部陆地测量总局航空测量队编。航空测量队成立于1931年，其开展了大量军用地图、地积图、水利图、路线图等的航空测绘工作。该书即为航空测量队的研究及经验总结。航空摄影测量简称航空测量，是摄影测量的一种，即利用航摄仪器在空中对地面摄取连续相片，通过控制测量、调绘和测图等步骤而测绘成地形图的方法[1]。

全书共分为十二章，每章均有一位作者或译者，主要介绍了实用航摄方法、航摄影片之纠正、新式制图机之实用法、自动制图机之展望、立体测量改正投影误差之解释、航空测量制小尺度地形图简法之研究、航测五万分之一地图研究、南昌航空土地测量纪要、江西航空土地测量新计划概略、德荷一千分一土地测量之试验、航测福建龙漳铁路路线图记略、航空测量与人工测量之比较等。

---

① 地质部地质辞典办公室编辑．地质辞典 5：地质普查勘探技术方法分册：上册 [M]．北京：地质出版社，1982：207．

77. 欧亚航空公司开航四周年纪念特刊／欧亚航空公司编

该书为欧亚航空公司开航四周年纪念特刊，主要内容包括李景枞、华德等二十余人所撰有关该公司史略、概况、营运、设备、技术人员培训，以及该公司所属南京、郑州、西安、兰州、肃州、迪化、哈密、北平、汉口、长沙、广州、宁夏、包头等各航空站设立经过及现状的二十三篇文章。附录内容为该公司的组织系统表、各站办事处及飞行场电话、载客章程、飞行时刻表等。

作为纪念特刊，该书还附有大量照片，包括孙中山总理遗像，交通部朱家骅部长、俞飞鹏次长、张道藩次长、欧亚航空黄江泉董事长等董事会成员，各站主任、工程师和飞机师等照片。书前有欧亚航空公司四周年纪念刊序。

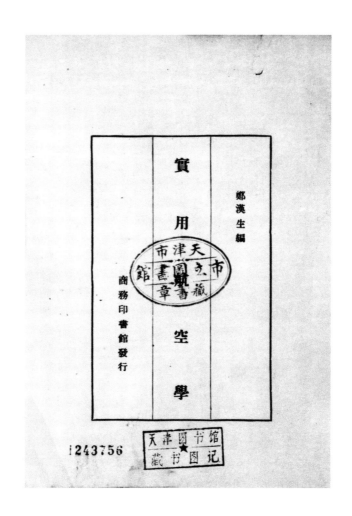

78．实用航空学／郑汉生编纂，郑光昭校对

该书共分为三编，第一编为航空基本知识介绍，内容涉及航空发展史、飞机的种类、飞机的构造、飞机的驾驶机关、发动机和螺旋桨、与飞行有关的气象学等；第二编为飞行学，内容涉及飞机驾驶法、单独飞行和高等飞行、水面飞机驾驶法、夜间飞行和队伍飞行等；第三编为军用航空与民用航空，内容涉及军用飞机种类、法英意德美等国家的民用航空事业等。

作者认为，中国航空事业的发展进步是为交通经济文化发展服务的，是以追求和平为目的的。然而，以当时国际局势的紧张和中国面临的内外危险，举国上下应当齐心协力，全力发展中国空军，方可保障国家安全，进而保障东亚的和平。在这种情势下，空军的发展就成为重中之重。

79. 意大利之飞机／郭玉麟编译，胡伯琴、鲍毓璋校阅

该书共分为十五个章节，主要介绍了意大利的各个飞机制造公司和工厂及生产的不同型号飞机，其中共涉及当时意大利十五家飞机制造公司和工厂，共计近七十种型号飞机。附录内容为意大利的军事航空，主要介绍了意大利航空部的组织机构及职责、各司令官的阶级编列、航空区所辖各单位和航空学校等情况。

该书较为详尽地叙述了意大利各飞机制造公司和工厂的情况，包括设计师、工厂所在地等，对每一个机型的发动机、性能、尺寸、重量及载量、机身、机翼、起落架等进行分析，并附有大量不同型号飞机的插图。

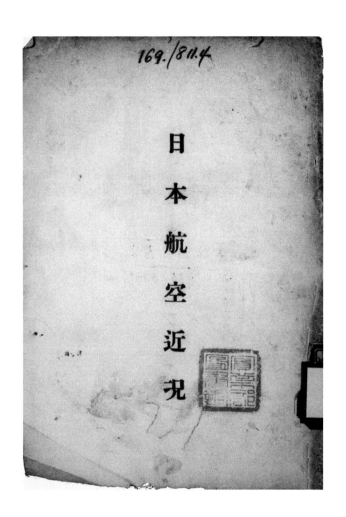

80. 日本航空近况／外交部情报司编

　　该书由当时外交部情报司编，训练总监部军学编译处印发，分为五部分，主要介绍日本航空行政、日本航空工业近况、日本民有航空事业概观、日本航空公司近况、日本民众航空热等。书后附有日本航空近况要图。国图另藏有该书的缩微文献。

　　该书对日本的航空状况进行了较为详细的概述，包括日本陆军工厂一览表、日本海军工厂表、日本商办飞机工厂一览表、日本军用飞机类别等信息，也有对日本民立飞机学校等情况的调查统计内容。该书认为，日本在侵占我国东三省后，其航空事业方现发展，设立了伪满洲航空株式会社，并列举了民用定期航路五条、军用定期航路七条等内容。

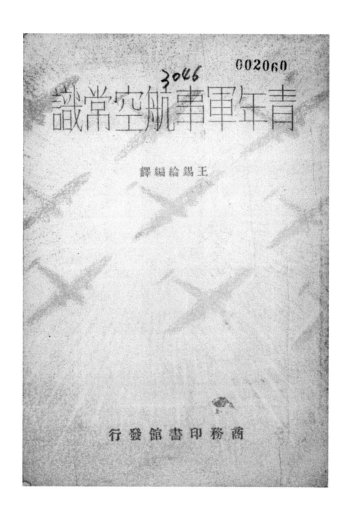

81. 青年军事航空常识／王锡纶编译

　　该书由王锡纶编译，商务印书馆发行，扉页可见"中央设计局秘书处调查室"印戳。该书主要介绍了各种战斗机、轰炸机、教练机、运输机、侦察机的性能、种类、特征等，以及如何防御空袭和世界列国空军现状。国图另藏有该书 1936 年、1938 年版本。

　　该书附有大量飞机图片，数量达六十余张，主要介绍各国飞机及军用机标志等，如《空中激战的真相（欧战中英国空军所摄）》《美国寇蒂斯·霍克单座战斗机》《美国波音 P-26 式单座战斗机》等，也有如《捷克斯拉夫亚维亚单座战斗机设计图》等内容。作者另编译有《航空常识》一书，前文已有述及。

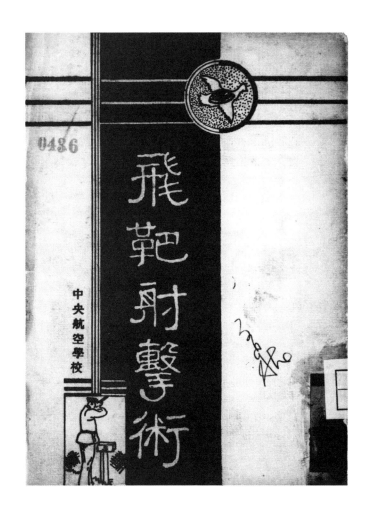

82. 飞靶射击术 / 鲍毓璋编译，舒伯炎、刘寒江校读

该书共分为十个部分，除了导言外，主要介绍了靶场的布置、射击人员的用品、飞靶射击要诀、射击命中法、手掷飞靶、射击秩序、射击员自备记录表等内容。附录主要介绍了飞靶纵击、美国之非正式射击赛和飞靶射击俱乐部章程及模式。

飞靶射击是射击竞技中的一个项目，为当时新颖之娱乐项目。根据该书所述，飞靶射击分为飞靶截击和飞靶纵击。该书主要介绍的是当时美国盛行的飞靶截击游戏。作者编译该书的目的为通过提倡该游戏，增进航空人员的拖靶射击和地面防空人员的对空射击的技能，以供新学者参考。

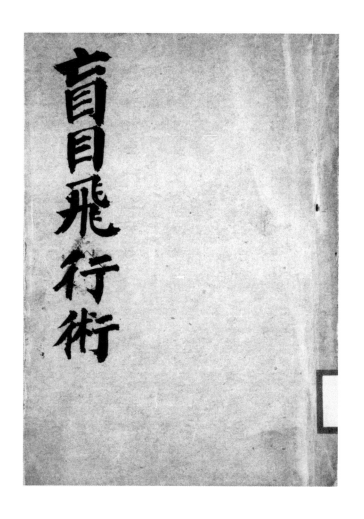

83. 盲目飞行术 / 舒伯炎翻译，严寿康校核

全书分为七章，主要内容包括绪论、正常飞行技能、盲目飞行问题及其训练手段、空间定向之仪器、飞航协助物及仪器、盲目飞行训练之方法、盲目飞行术之实施等。附录有航空仪器之保管与校正法。

飞行员在无法看清天地线和地标的情况下，按仪表的指示操纵飞机、判断飞行状态、确定飞机位置的飞行，在 20 世纪 30 年代至 40 年代被称为"盲目飞行"①。该书对盲目飞行有关方法及技术等进行了大量阐释，尤其介绍了各种辅助盲目飞行的仪器仪表，如转弯指示器、升降指示器、旋转陀螺、斯比雷人工水平仪、派安里感应罗盘、无线电探向器、空盒式高度表、柯尔斯门敏感高度表等。

---

① 郑文翰主编. 军事大辞典 [M]. 上海：上海辞书出版社，1992：508.

84. 空中的征服 /［著者不详］

　　该书为上海良友图书公司发行的"万有画库"系列的航空画册。该书首先简要介绍了当时的世界航空发展历史。经过四十多年的发展，全球航空事业达到新的高度。飞机的成功不仅给人类带来交通和文化上的便利，更体现了人类对自然的征服。

　　该书收集了近八十张图片，包括美国、欧洲、非洲等有关航空的照片、飞行员和战斗机照片，甚至有美国总统罗斯福夫妇及孩子预备登机到芝加哥、美国海军航空根据地等照片，具有重要的资料价值。通过该书内容可见，作者对当时美苏所持有的不同立场。他认为，苏联是真正利用科学来提高人民生活水平和保卫和平的，其他各国不断增强空中力量是准备第二次大屠杀。最后一张图片是美国陆军航空学校的俯瞰图，图片简介中认为，美国"不是真正为人类幸福努力，相反的，却是预备参加破坏人类幸福的大屠杀"。

85.中国航空协会新会所落成纪念册／中国航空协会编

　　该书是为纪念中国航空协会新会所落成，由中国航空协会编辑。主要内容包括新会所奠基及建成后照片，林森、蒋中正、孙科、孔祥熙、吴铁城、何应钦等名人题词，新会所及陈列馆建筑经过，会务概况，征募航空救国金，中国航空协会新会所建筑经过及意义等。

　　该书各类纪念照片之后附有林森"高瞻遐举"、蒋中正"行健自强"、孙科"扬大汉之天声"、孔祥熙"龙睇八荒"、吴铁城"航空救国"、何应钦"突飞猛进"等题词。该书中还有各类广告插页，如南洋兄弟烟草公司、胜利钢窗厂、大华水电公司等广告。

86．航空问答／顾纪常译，教育处编审委员会审定

该书包含了多达一千二百五十七个航空知识问答词条，内容涉及空气动力学、飞机、螺旋桨、发动机、气艇、气象学、航行学、英国皇家空军和海军航空队现状、试验飞行、保险伞、飞行俱乐部、轻飞机发展概况、滑翔飞行、商业航空、航空法规和几种有用表计等十七项内容。附表主要介绍了速度、重量、公里、气压单位互等表、米特制、寒暑表、翼翅震动之速率、特种仪器等内容。

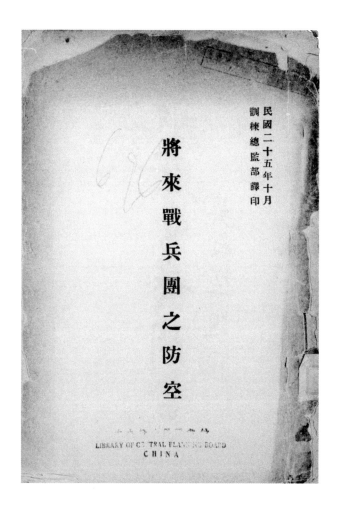

87. 将来战兵团之防空 /[日] 大谷清磨著，训练总监部译

该书共分为四章，主要包括总说、兵团所有高射部队的兵力、防空时地上战斗用火炮的使用和结论。

该书原序作者为时任日本陆军少将冈部直三郎，其认为在将来战争中，空军肩负重任，尤以搜索能力和对地攻击的影响最大。空中势力的优劣直接决定地面作战的成败。该书作者大谷清磨认为，在将来的战争中，地面部队会受到空中各种高度飞机的袭击，以及空中兵力支援的地面战车群的威胁，因而地面防空的重要性日渐突出，对此进行研究变得异常重要，该书即为作者对这一问题的研究成果。

88. 航空常识问答 /［英］亨萧（P. M. Henshaw）著，吴照华译述

该书为 1936 年的初版。全书共分为十六章，包含九百一十六个航空常识问答词条，涉及空气动力学、飞机、螺旋桨、发动机、气艇及气球、气象学、航行学、军用成队飞行及特技飞行、航空母舰、试验飞行、保险伞、航空法规、轻飞机发展概况、滑翔飞行、商业航空、中国航空发展概况等内容。附表主要包括特种仪器、英汉名词对照表等信息。国图另藏有该书 1939 年的第四版。

89. 航空的秘密 ╱ 许幸之译述，时代编行委员会编辑

该书为"时代科学图画丛书"的第二集，主要介绍航空事业情况，如飞机的发展、构造、种类，发动机、飞机用重油、润滑油，飞行术、航空术，陆军、海军航空机，各国陆海军、航空现状，商业航空，航空通信、航空心理和航空医学等。

该书旨在把航空工具的发展、飞机飞船的构造及其在战斗和交通中的关系等常识搜集和整理，以便引起大多数人对航空的兴趣，这也是对航空救国的支持。该书所附图片的质量较高，数量比较多，涵盖范围广，如运载飞机的潜水艇、美国海军飞艇阿克隆号、德国带螺旋桨的流线型高速轨道车、英国输送用大型飞行艇、日本九一式战斗机、意大利制造的千马力航空发动机、福特重油发动机等。

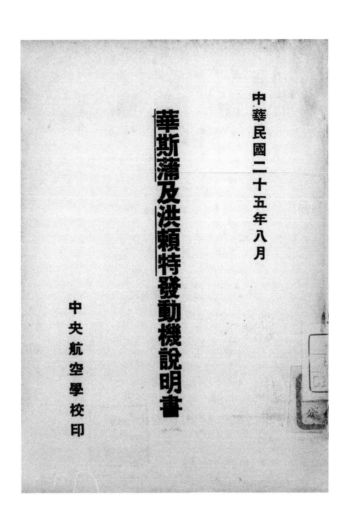

90. 华斯蒲及洪赖特发动机说明书 ／ 舒伯炎译，教育处编审委员会审定

该书为发动机说明书，主要介绍了华斯蒲及洪赖特发动机的构造、装配法、运用法、保全法等四方面内容。附图有小号华斯蒲发动机纵剖面滑润图、华斯蒲及洪赖特发动机纵剖面滑润图及相关发动机后剖面图。该书最后还附有发动机相关英汉名词对照表。国家图书馆另藏有该书的缩微文献。

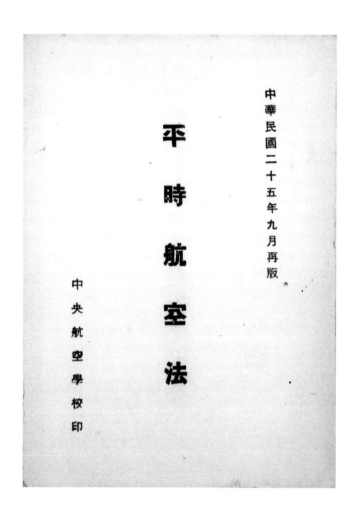

91.平时航空法 ／ 中央航空学校教育处编

该书主要介绍欧美各国航空法规，共分为十章，内容包括空中主权论、飞行器的国籍与注册、航空器之标志、航空器的执照核许及人员任用、航空器的检查、飞行的一般条件及规则、飞机场、刑法与公安、赔偿义务等。附录内容包括航空行政、国际航空条约论、国民政府军政部航空条约论、航空署拟订航空禁航区域条例及草案、国际航空运输条例、英国航空法条文、美国商业航空条例、德国航空条例、苏联航空法和日本航空法等。

航空法为当时新生之法律，在法学上，其发展还有很多不足之处。尤其在当时的中国，航空事业日益发达，但是与航空相关的法律却不完备。该书对欧美各国航空法进行了研究，希望以此为本国航空法的发展提供助力。

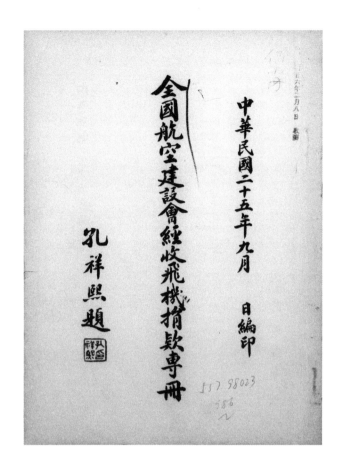

92.全国航空建设会经收飞机捐款专册／全国航空建设会编

　　该书介绍了全国航空建设会自 1933 年 5 月成立以来的三年所经收的捐款金额及捐款机关团体和个人名录，全书为表格形式。附录有全国各界捐机一览表、举办救国飞机捐先后各法令、该会委员姓名表、秘书处职员姓名表等四种。

　　1923 年，在中国第一架自行制造的飞机试飞成功后，孙中山写下"航空救国"以示纪念。其后，随着日本帝国主义对中国的蚕食侵略，抗日运动日趋高涨，"航空救国"即成为自"科教救国""实业救国"之后又一个具有广泛影响力和具体行动目标的救国主张，并在抗战中发挥了重要作用。据此捐款册载，全国航空建设协会常务委员有孔祥熙、朱培德、吴铁城、钱新之、周至柔。委员囊括了众多社会名流，如上海的杜月笙、虞洽卿等。秘书长由航空委员会南京办事处主任曹宝清代理①。

――――――――――――

① http://club.kdnet.net/dispbbs.asp?id=12326011&boardid=1.

93. 航空生活 / [中央航空学校编]

该书分论文、学术、史料、空中生活四部分，收录有《新中国青年之责任》（周至柔）、《航空人员的三大条件》（毛邦初）、《大时代中的光荣斗争》（蒋坚忍）等多篇论文和讲稿。该书主要内容包括国民政府的航空政策、航空实战知识、航空历史材料及航空人员的生活介绍等。

中央航空学校自 1931 年开始招生，旨在培养空军专门人才，教授必要的航空技术及政治军事知识。中央航空学校是中国现代航空教育的里程碑，它所创建的航空教育课程系统、训练系统、管理体制等，都具有十分重要的意义。中央航空学校通过创作、宣传校歌、校训来塑造学校形象，设计并开展系统的课程与其他教育训练，实施考核制度，确立了一整套组织机构和管理规程，制定官阶等多方面的探索，有力地保障了中央航空学校的发展，也为中国培养了一大批空军人才[1]。

---

[1] 渠长根. 国民党中央航空学校教育系统与管理体制述略 [J]. 军事历史研究,2010 (1) : 52—60.

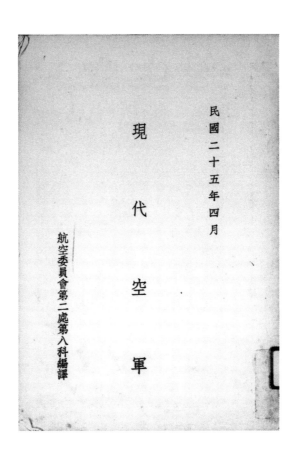

現代空軍

民國二十五年四月

航空委員會第二處第八科編譯

94. 现代空军 / [日] 大场弥平著,陶鲁书译述

该书介绍了空军在现代战争中的作用及现状,包括空军之出现、航空进步之惊异、航空机、空中袭击、空中化学战、空中细菌战、防空、结论等二十三个部分。

大场弥平(1883 ~ 1966),日本陆军少将,著有《空中站》《现代空军》等作品,在日本军界以战略分析闻名。大场弥平对中国的《孙子兵法》颇有研究。与公田连太郎合著了《孙子兵法》(东京中央公论社,1935),书中用日本和其他国家战例论证孙子兵学思想,久负盛名[1]。该书原出版于 1933 年 8 月初,为大场弥平有感于日本国防现状,根据海军在国际军事力量对比中的劣势,研究如何将陆、海、空军相结合作战而作。

---

[1] 苏桂亮.《孙子兵法》研究在日本 [J]. 滨州学院学报,2005(5):151—158.

95．国防与航空／周至柔编著

　　该书为学校教材，以中学生为主要对象，共六章，包括总论、军事航空的演进、军用机的种类及其诸条件、军事航空与现代国防、列强军事航空的现势、民用航空。书后附有航空常用术语中英文对照表。国家图书馆另藏有该书1937年第三版。

　　中国航空工业几乎与日本同时起步，但由于工业基础和生产能力落后，即使有地方势力争相采取购买飞机、修建机场等措施加大军事航空投资的力度，但地方财力和人力有限，且航空工业又是技术和资金高度密集的领域，所以其发展速度相当缓慢。虽然许多学成归国的爱国青年研制出当时先进的飞机，但也无法进行规模化量产。周至柔时任中华民国航空委员会主任，他在《十年来的中国航空建设》中哀叹："十年以来，对于航空器之制造，无明显之成就。"该书属"国民政府国防教育丛书"之一，以军事航空为主，着重于航空对于国防的价值，对民用航空方面也有所论述。全书将重点放在列强航空工业发展情况的介绍上，对于中国航空提及较少。

中華民國二十五年八月初版

空中轟炸講義

(000l—ll000)

著者　王　再　長

校正者　王　星　垣

審定者　教育處編審委員會

中央航空學校教育處教授科編印

版所有　翻印不准

96．空中轰炸讲义／王再长著，中央航空学校教育处教授科编

该书包括总则、真空中轰炸、实用弹道（空气弹道）、射表、投弹实施、轰炸照准具、投弹之误差及命中公算等七章。附录内容为轰炸教育。

民国时期的航空教育，除开办航空学校进行专业教育，对国外航空书刊进行编译外，也注重教材的自主编写。由于国难当头，抗日形势日益严峻，此时的航空教育尤其重视实战需求。王再长毕业于东北航校，对于空军的组织、航空理论及空战实践都有很深的见解。该书是王再长编写的专门军事战争教材，他认为，仅就空中轰炸技术予以教授，远达不到要求，还须配合轰炸战术、轰炸兵器，并同时加以飞行训练、轰炸演习、体力精神训练等，才能培养出合格的空中轰炸员。

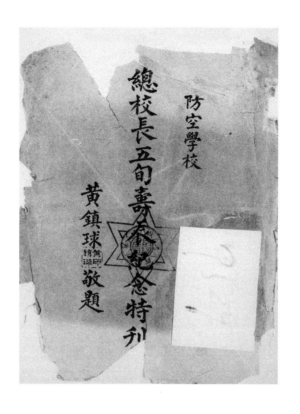

97. 防空学校总校长五旬寿辰纪念特刊／防空学校政训处编

该书收录有《对于总校长寿辰应有之认识与努力》《父母之年不可不知也一则以喜一则以惧》《蒋委员长五旬寿辰献辞》《祝寿的真实意义》《蒋总司令传》《民族领袖之伟大人格与事业》《拥护革命领袖的要义》等八篇文章。书前收有蒋介石照片、题词以及防空学校校歌等。

1934 年 1 月，军政部航空署根据空战的需要，成立了中央防空学校，徐培根担任首任校长，蒋介石为"总校长"。1934 年 7 月，军政部航空署改为中央航空委员会，蒋介石反复权衡之后，决定以航空委员会的名义下令，以黄镇球为核心建立一支由防校统辖的防空武装力量，并由黄镇球任防空学校校长。1935 年 1 月，蒋介石下令将航空学校驻梅东高桥的一个营拨归防空学校，成立由防空学校直接统辖的高炮营，称防空独立营，这就是中国军事史上第一支防空武装力量[1]。该书书名由黄镇球题写，正文言 10 月 31 日为蒋介石五十岁生日，借庆祝之机，加强防空建设。防空学校培养了大量航空人才，他们在抗击日本侵略者的战斗中发挥了重要作用。

---

[1] 李祖运等. 国民党中央防空学校在大陆的始末 [J]. 抗战史料研究，2012（2）：154—160.

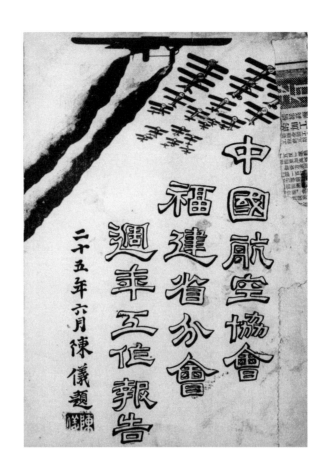

98.中国航空协会福建省分会周年工作报告／中国航空协会福建省分会编

该书为中国航空协会福建省分会1935年度工作报告，包括航空专刊、周年工作报告、第一期征求成绩报告三部分，收录《航空技术与现代生活》《航空与防空》《唤起民众对航空认识》《福建之航空建设》等由陈肇英、陈仪、蒋鼎文、萨镇冰、郁达夫等人撰写的有关中国航空建设与国防问题的论文二十六篇，以及厦门、延平等支会章程，中国飞行社章程等。此外，该书还辑入该分会筹备组工作概况、名录等资料。附录为中国航空协会民国二十五年（1936）建设国民航空事业计划书。

1933年，在南京国民政府的支持下，由上海商会及各界领袖共同组织了"航空救国会"，后改称"中国航空协会"，并陆续在江西、浙江、福建、湖南、江苏、河南等省成立中国航空协会分会，创办中国飞行社。航空协会在上海市区举办航空展览等活动，发行《航空画报》和《航空》月刊等①。

---

① 谢遵议.航空与救国：中国航空建设协会述论（1936～1949）[D].西南大学,2016:19.

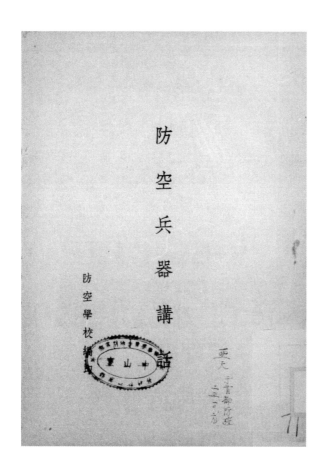

99. 防空兵器讲话 ／ 防空学校编

该书介绍了防空兵器的基本概念、分类、特性，以及高射炮、高射机关炮、高射机关枪、测高仪、指挥仪、照空灯、测音机等的性能及使用要素。

20世纪30年代初，日军对中国锦州的无差别轰炸以及"一·二八事变"期间对上海及周边地区的空袭，使大量中国军民丧生，中国人由此对"空袭"和"防空"有了更为直观的认知。全面抗战爆发前，国内有关防空的各类出版物也大量增加，这些出版物多数是军事部门编写的防空训练教材。该书是防空学校围绕各类防空兵器，在欧洲国家和日本防空资料的基础上编写的实战教材。

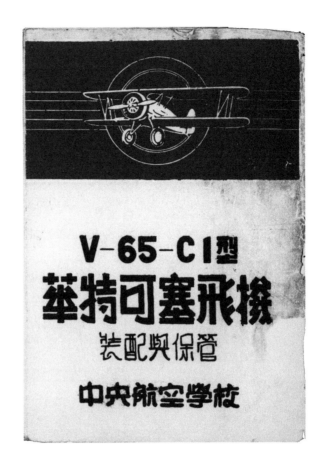

100. 华特可塞 V-65-C1 型飞机之装配与保管 ∕ 胡伯琴译，中央航空学校教育处编译科编，李甘平校正

该书详细介绍了华特可塞 V-65-C1 型飞机的润滑、装配、起落架、尾轮、机翼组、机身组等十九个部分内容，附录为中英文译名对照表。

抗战期间，国民政府在国际上广泛活动，获得了一定数额的军事援助，包括贷款、武器装备等。该书所提到的华特可塞 V-65-C1 型飞机，指的是当时在美国海军服役的 Vought V-65 Corsair 双翼侦察机。机身是由钢管和织物覆盖，机翼是木制的，由类似织物覆盖。Vought V-65 Corsair 双翼侦察机可以改装成水上飞机。这种飞机广泛用于出口，国民政府就曾进口了四十二艘 Vought V-65 Corsair[1]。抗战期间，这种飞机被广泛应用于对日军阵地的侦查工作。

---

① https://pacificeagles.net/vought-v-65v-92-corsair/.

101. 诺斯罗浦飞机之装配与保管／舒伯炎译，胡伯琴、李甘平校正

该书分两章，第一章是装配，包括起落架、尾翼、发动机、座舱罩、装配说明等六部分；第二章是说明与保管，包括性能、机身、仪器、军备等十二部分。

1932 年"一·二八事变"爆发后，国民政府认识到中日战争不可避免，也认识到空军对国防的重要意义。因此国民政府一方面加强空军的领导，健全机构，兴办航校，培训空军人才；另一方面增加空军经费，建设飞机制造厂，并从国外购进飞机扩充部队。到 1937 年 7 月，中国空军各种机型达到六百余架[①]。诺斯罗浦飞机是国民政府 1935 年从美国诺斯罗浦公司采购的飞机。国民政府计划采购一百五十架小改型诺斯罗浦 –2EC 轰炸机，并规定其中大部分在中国杭州中央飞机制造厂进行装配和仿制生产，但受抗战爆发的影响，实际只交付四十七架。抗日战争初期，诺斯罗浦 –2EC 轰炸机配属空军第一、第二大队，是当时中国空军的主力轻型轰炸机。

---

① 王学斌 . 抗战初期中国空军述论（1937 ~ 1938）[J]. 西安航空学院学报 . 2018(7)：24—29.

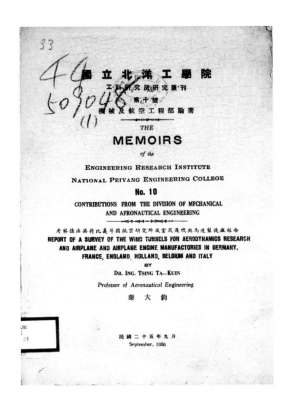

102. 考察德法英荷比义等国航空研究所风室及飞机与马达制造厂报告 ／ 秦大钧著

该书为国立北洋工学院"工科研究所研究丛刊"第十号。秦大钧时为北洋工学院航空系教员，任中山奖学金讲座教授兼系主任，教授空气动力学，于 1935 年 8 月被派往欧洲，考察航空工程研究及航空制造，历经德、法、英、荷、比、意等国，至 1936 年 6 月方启程返国，他就考察所得编写该书，附有图表多种[1]。

秦大钧，教育家、航空专家，出生于江苏无锡，1920 年考入南京高等师范学校数理化部，1924 年毕业于国立东南大学（1928 年更名为国立中央大学，1949 年更名为南京大学）数学系；后赴法、德留学，毕业于法国航空部高等航空工程学院，后成为法国国授航空工程师；1934 年获得德国亚琛工业大学航空机械所工学博士学位。其先后任中华教育文化基金会设立的北洋讲座教授、清华航空研究所教授、国民政府考试院考选委员、航空研究院院长，台湾大学教授，台南工学院院长，成功大学校长，著作有《航空动力学概论》等[2]。

① 陈源 . 民国时期我国大学研究院所研究 [D]. 华中师范大学，2012：127.
② 王建明 . 留学生与近代中国军事航空研究 [D]. 南开大学，2012：43.

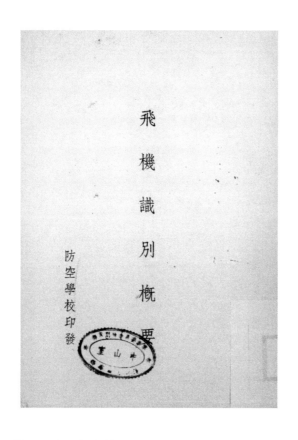

103. 飞机识别概要 / 姚全黎编述

该书为防空学校"高射炮队""防空研究班""情报训练班"的讲授教材。全书共六章，包括飞机识别的概说、要领、种类，高度识别法，方向识别法以及飞机识别的训练等。

"一·二八事变"后，国民政府为加强对日军空袭的警惕，提高防空作战能力，由防空学校编写了大量防空训练教材。该书主要讲授通过肉眼或器材及其他办法，判断飞机的种类、距离、高度、方向、航路等，以报告防空司令部或临近部队，提高对空军的认识，加强对飞机构造的研究，不涉及飞机种类和性能方面的内容。

104. 空军要论／张家彦编

该书包括绪言、空军之特性、飞机之种类及其性能、编制、命令下达、敌机航空时之识别法、飞行原理、空中侦察及地空连络、轰炸航空、驱逐航空、攻击航空等十一章内容。书前附有可蒂斯 P-1 式驱逐机、波爱因 PW-9 式驱逐机、达格拉斯 0-2H 式侦察机、基斯东 XLB-5 式轰炸机的照片。

20 世纪 30 年代初，随着日本军事航空力量的崛起，日本陆海军开始尝试将航空兵用于对华作战。尤其"一·二八事变"期间，"日本窥我空虚，攻我弱点，侵占我土地，蹂躏我名城"。国民政府于 1932 年 6 月，制定了《空军五年建设及防空计划》，提出追赶日本的"逐步建设，渐期相等"的原则。此后，国民政府通过防空学校组建了地面防空部队，在南京及周边地区组织开展了防空展览与演习，初步建立起了东南防空监视网络，为全面抗战初期应对日本陆海军航空兵的大规模进攻打下了一定基础。该书绪言亦指出："现代之国防主力军有三，曰陆军，曰海军，曰空军，而以空军最为幼，然空军对于一切国家内政外交上，实有意想不到之影响，次则确然无疑者也。"

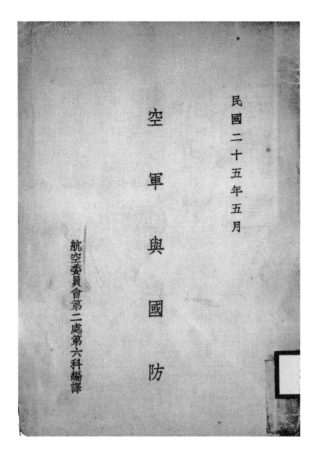

105. 空军与国防 / [法] 阿尔曼喀著，陶鲁书译述

该书分两部分，主要内容为战争初期空军的价值及空军与国防的关系。在近代空军建设上，欧美走在世界的前列，无论从飞机的设计制造到航空理论，还是空战的战略战术，欧美都是亚洲各国包括中国和日本学习的对象。为尽可能多地了解国外的航空知识，20 世纪 30 年代很多人对国外空军书籍进行直接翻译或对航空知识进行介绍。

该书为陶鲁书翻译的诸多航空、空军类书籍之一，原作者法国的阿尔曼喀强调了战争初期空军的价值及空军与国防的关系。除该书外，陶鲁书还翻译过《现代空军》《苏俄空军用法之原则》《空中射击与轰炸》等书，为当时引入欧美日等国家的空军军事理论和知识做出了一定贡献。

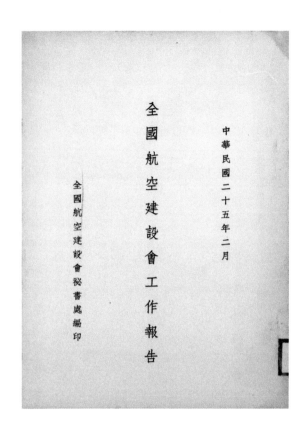

106. 全国航空建设会工作报告 ／ 全国航空建设会秘书处编

　　该书为全国航空建设会的工作报告，包括该会自成立至 1935 年间的法令、人事、捐款、捐机、奖励、奖券、交案、会议、经费、文件等十个方面的内容。

　　"九·一八事变"和"一·二八事变"后，日军于 1933 年又向长城各口发动进攻，将侵略爪牙指向华北。为抵御外侮，国民政府认识到加紧国防和空军建设的重要性，而建设空军必须购置和制造飞机。1933 年 1 月 25 日，国民政府中央政治会议做出《关于举办救国飞机捐款的决议》，决定在全国举办救国飞机捐款活动，要求全国所有党政军警机关人员，以实发薪额的若干成，捐助政府，作为购置飞机之用。1933 年 5 月 8 日，国民政府决定将历次决议设立的中央飞机捐款保管委员会、收管委员会及筹办委员会合并为全国航空建设协会。全国航空建设协会为募款保管设计机关，直隶于行政院，侧重于党政军警及各机关公务员飞机捐之征收[1]。1936年，中国航空协会和全国航空建设协会合并，组建成中国航空建设协会。

---

① 谢遵议. 航空与救国：中国航空建设协会述论（1936 ~ 1949）[D]. 西南大学，2016：20.

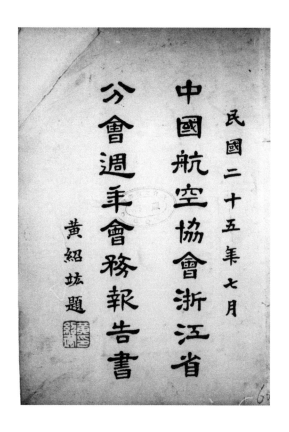

107. 中国航空协会浙江省分会周年会务报告书／中国航空协会浙江省分会秘书处编辑

　　该书包括会务、基金保管、征募会员运动、经常费收支报告等内容及附录。封面书名由黄绍竑题写，书前有张学良、何应钦的题字。

　　为了支持中国航空协会的工作，应对日益深重的民族危机，中国航空协会浙江省分会于1935年9月成立，由省政府主席黄绍竑担任会长，当月即编印发行《航空月刊》，该刊为当时国内唯一的航空类刊物。

108. 中国五年军事航空计划意见书／黄秉衡编写

该书内容包括理由、计划提要、提要之说明、五年计划之总概算、分年设施步骤及其提要概算，书中附有大量地图、表格，所涉及规划以年为单位，列有具体的发展计划及预算概况。作者黄秉衡早年留美学习航空技术，回国后担任孙中山侍从，后负责组建中央航空学校。

书中对未来五年中国的军事航空发展进行了规划，计划在五年内创设空军，拥有五百架多种类精锐飞机，训练空军军官一千人，军佐三千人，建立空军力量，同时划设军区，在全国配以空军根据地、供应局、飞机场和航空无线电台，实现夜间飞行能力，并建立起具有抵御低空袭击的防空武力。该书为国家图书馆藏新善本，具有较高的文献价值。

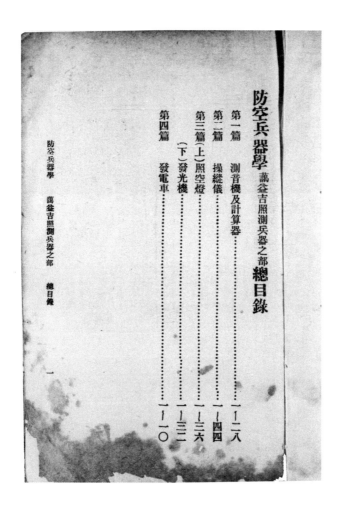

109. 防空兵器学 ／ [著者不详]

　　该书包括测音机及计算器、操纵仪、照空灯（上）、发光机（下）以及发电车等篇。书前有总校长蒋介石、校长黄镇球的手令（1937.6），书内附有高射炮图。国家图书馆所藏为其中各式高射炮图部分。

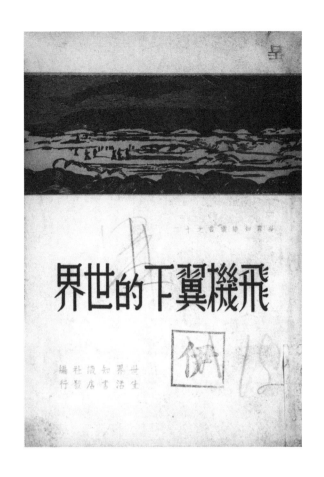

110. 飞机翼下的世界／宾符、贝叶合编

该书包括征服天空的前奏曲、杂谈飞机本身、飞机翼下的世界三章，介绍了飞机发明的历史、飞机的构造与设备、历年来著名的飞行案例和记录、飞机与军备战争之间的关系以及各国的航空路线等，书中附有地图九张。作者将枯燥的航天专业知识，以轻松的笔调写出，十分生动。

该书为"世界知识丛书"的第十二种。编者为冯宾符、冯定，宾符、贝叶为其二人笔名。该书封面由郑川谷设计。编者认为，飞机不仅是一种交通利器，更是一种政治斗争工具，有关飞机的常识理应向社会公众普及。吴大观早年在西南联大求学时，曾深受此书吸引，对其日后转学航空专业产生了重要影响[1]。

---

[1] 周士林主编；周士林，王钟强，钟良，等编. 航空精英：世界著名飞机设计师和飞行员 [M]. 北京：航空工业出版社，2001：380.

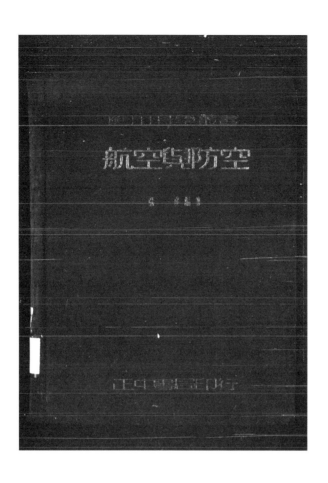

111. 航空与防空／张瑛著

该书共分航空机、航空发动机、飞机的识别、航空落下伞、机器人操纵、空中的征服、防空知识的纲领、国民防空、都市防空、防空器材、防空监视、防空与航空的将来等十二章。该书为"应用科学丛书"之一种。

绪论中,作者强调了当时中国国防所面临的危机,并列举了意大利、德国、苏俄、法国、英国、美国等国家的航空发展趋势,强调了航空与防空事业发展的紧迫性。对于中国当时所处的局势,作者认为应当研究最紧要的科学,即航空与防空,以资应用,其中又以充实防空器材、提高航空技术、巩固防空设施、加强航空建设为先。书尾处,作者以一首打油诗作结,颇有趣味,摘录于下:

射人先射马,擒贼先擒王。

科学强中华,万急首空防。

不分陆与还,上下有吾航。

天下本一家,科学发光芒。

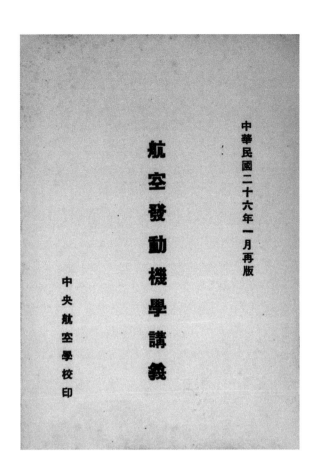

112. 航空发动机学讲义／饶国璋编

该书为中央航空学校教材，内容共分为总论、汽化、点火、润滑、散热、机件之研究、起动装置、缩速器、各式发动机、二期爆发机等十章四十三节，书后附有发动机毛病找寻法。该书初版于1935年，1936年再版，国家图书馆所藏版本为1937年第三版。

113. 航空法大要／潘树藩著

　　该书包括国际航空立法之沿革、领空问题与空战法、中国航空法规三篇。附录有国际航空条约、国际航空运输条例、德国航空条例、九条限制、美国民用航空法之研究、美国商务航空条例、苏联航空法、日本航空法等内容。由黄秉衡题写书名。该书为"航空丛书"之一种，出版于 1934 年 1 月，国家图书馆所藏版本为 1937 年再版。

　　1921 年，北京政府航空署拟订航空条例草案，虽已做研究和审查，但最终无果。国民政府成立后，航空事业发展迅速，航空立法亟待进行。一战后，北京政府拒绝在巴黎和会签字，所以未能享受国际航空的相关权利待遇。随着航空事业的不断发展，如何参与到国际航空事务当中，保障中国的相关航空权利成为当时政府所面临的重要难题。该书的宗旨在于督促政府从速解决中国融入世界航空事务问题，以充分实现中国的国际航空权。书中所汇集的相关材料，对于民国时期航权法律等方面研究具有重要参考价值。

114.飞机的种种／徐天游编

该书共分为飞机的沿革、飞机的原理、飞机的构造、飞机的种类、特殊的飞机五部分，后附有落下伞、各国军用飞机标志两种。封面及目录页印有"学校训练民众训练非常时期补充读物"字样。

该书为普及类航空读物，旨在向抗战时期的民众进行航空知识普及。作者对飞机的历史沿革进行了简要概述，从螺旋推进器和翼两个方面分析了飞机的原理，对飞机的机体、机翼、支柱、推进器、发动机、安定板、舵、车轮浮艇等进行了解析，并对飞机的类别做了介绍，内容上较为通俗。

115. 实用飞行术 ∕ 巴勃 (H. Barber) 原著，姚希求编译

　　该书分为总论、初级飞行、特技飞行三编，共有二十三章，后附有中英文对照表，为"航空丛书"之一种，书的原名为 *Aerobatics*。书中所教授内容的训练时长为二三十小时，基本涵盖了当时飞机的各种动作及操纵法，内容简明扼要，以"合于教学"为主要目的。

116. 实用飞机原理学／柳希权编著

该书共有上下两册，分为空气动力、飞机特性、安定、飞机之经验四章，后有一百马力以上至单发动机飞机、一百马力以下至单发动机飞机、速度记录飞机、单发动机驱逐机、运输机、小运输机、1936年美国飞机程式一览等附表多种，以及中法术语、法英中术语的索引两种。空气动力学是飞机制造的基础，也是研究航空的基础科学。该书为"航空丛书"之一种，国家图书馆藏有该书下册。

作者认为，当时的中国航空事业虽然发展迅速，但仍然逊色于他国，尤其是航空著作数量较少，所以希望通过编纂该教材，使读者了解飞机构造的原理，进而通过深造成为国家急需的航空人才。

117. 英汉双解航空辞典 ／ 舒伯炎编译校订，姚士宣等协译

　　该书共编译航空类名词四千余种，汉英对照说明共数十万字，内容丰富。1935 年，中央航空学校编译科科长严寿康提议编译《航空词典》，将各国现有航空用语，译成中文，加以中英文对照说明，由舒伯炎、姚士宜、郭玉麟、刘寒江四人负责。之后，由于中央航空学校改组，舒伯炎独自承担编译任务而终成此书。

　　由于中国传统上并不注重技术的累积，以至于专业词汇稀少，自洋务运动以来，随着西方工业技术的引进，中国才开始出现技术类辞书。尽管如此，此类辞书仍然数量较少，而该书则是中国近代具有代表性意义的技术类辞书。以今日的眼光来看，虽然该书中的部分译文存在舛误，但其对于中国近代航空教育的发展，具有至关重要的奠基作用。

118. 滑翔机的飞行及其制造／张虬著，张瑛修正校订

该书为"通俗科学小丛书"乙类第五种，内容共分为滑翔机的种类、滑翔机的各部人士及主要诸元、滑翔飞行释义、滑翔机起飞方法、滑翔机操纵法、滑翔机的实际飞行与利用气流、A 型标准滑翔机的制造、结论等八章。写作目的在于响应自力更生的要求，完成航空救国的使命，符合中国科学化的宗旨，提高青年研究航空机制造与飞行的兴趣。

作者认为，滑翔机的好处有六项：其一，任何人均能实际飞行；其二，任何人均能获得航空机驾驶之基本训练；其三，任何人均能独力自造航空机而费用极少；其四，各人能自主地翱翔于空中而发挥其最高兴趣与欲望；其五，借做体育游戏运动比赛达到至高无极的程度；其六，真实表现二十世纪青年思想与动作。滑翔机制造原则、飞行原理和制造方法与飞机有诸多相似之处，但相较于飞机而言，滑翔机无发动机与螺旋桨，成本较低，对于当时的航空研究者而言，具有一定的吸引力。

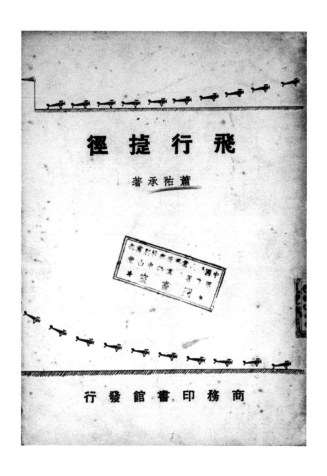

119. 飞行捷径 ∕ 萧祐承著

　　该书共分为简明航空史、理论、飞机各部之组织及其效用、临空作首次试飞、地平线、直飞、普通专项、起飞及初步着陆等十七章。扉页有"此书纪念亲爱的父母及提倡航空与航空界之诸同志"字样。初稿最早在1930年刊登于《航空周刊》，后经整理并加入若干插图，形成该书。该书内容主要摘编于欧美相关航空书籍，并融入作者自身经验而成，其对飞行原理的介绍浅显易懂。

120. 初级飞行教范草案 /［美］陈纳德（Col. C. L. Chennault）原著，舒伯炎
等译述

　　该书共包括美国飞行教练及选择与淘汰方法之演进、飞行学生之选择、飞行
天才、天才飞行员与机械式飞行员、飞行程度之新标准、教官与学生之态度、第
一次对学生谈话、身心轻松之养成、操纵系之效用、平直飞行、攀升与滑翔等
四十三章节。书中大多取自美国空军飞行教范等内容，主要面向的受众是飞行教
官和已毕业的飞行员。主要目的为分析操纵动作以及使飞机驾驶动作更为和谐准
确。作者认为，军事飞行者应充分运用视觉及对飞机的感觉，进而通过速度、支持力、
震动以及声响的感觉操纵飞机。作者多次强调该书不适合初级学生使用，并在注
意事项中特别标注"学员生及其他人员一概禁止阅览"。该书为密件。

　　1936 年，作者陈纳德受邀担任中华民国空军顾问，帮助建立中国空军，并参
加制订对日空军作战计划。1941 年，陈纳德以私人名义建立中国空军美国志愿
航空队（即飞虎队，后称中国驻华空军特遣队）参与对日作战，取得了击毁敌机
300 余架的战绩，做出了重要贡献。在书前，陈纳德特别注明，以此书纪念宋美
龄对中国空军发展所做出的贡献。

121. 空军常识／刘维宜、孙惠道编著

该书为"民众战时常识丛书"之一，内容未分章节，以甲乙问答的形式介绍了为什么要了解空军常识、各国空军的发展情况、当时中国空军的发展情形、中国空军的标记颜色、战斗机的种类及作用、侦察机的种类及作用、轰炸机的种类及作用、飞机炸弹的威力以及空袭的相关情况。

"民众战时常识丛书"为 1938 年至 1939 年商务印书馆在长沙编辑出版的，一共包含二十种文献，除《空军常识》外，另有《陆军常识》《海军常识》《兵器图说》等①，均致力于普及国防知识，鼓舞民心士气。

---

① 中国第二历史档案馆，《中国抗日战争大辞典》编写组，万仁元，方庆秋，王奇生编. 中国抗日战争大辞典 [M]. 武汉：湖北教育出版社，1995：213.

122. 空军概略／李啸云编著

  该书为"小学生战时常识丛书"之一，分为上下两册，上册七节，下册六节，共十三节，主要介绍有关军用飞机的基本知识及中国空军概况，包括现代战争的特性、空战的历史、军用飞机的特点、侦察机、战斗机、轰炸机、降落伞部队、中国空军的现状及伟绩，并附有介绍空军飞行员陈奇光击落敌机事迹和"你要投考航校之前"应当具备的条件的文章。

123. 空军与国防 / 蒋星德著

全书共分为八个部分，主要介绍了无空军即无国防、航空史话、空军发达史、空军之威力、少年的中国空军、一年来之中日空战、中国空军之精神、建设大空军的新中国等内容。书前有《抗战丛刊缘起》，专门介绍了该丛刊诞生的始末。该书为"抗战丛刊"第三十三种。

作者认为无空军即无国防，无国防即无国家，中国空军尚处于发展初期，需要广大同胞的大力支持。处于成长期的中国空军是一个革命的爱国的军人集团，每个人都有坚强的抗敌救国意志，都有为祖国牺牲的决心。作者断言，中国必将成为大空军的国家。

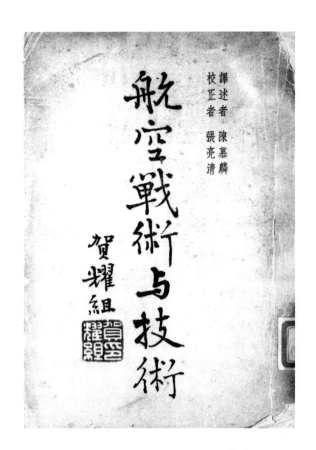

譯述者 陳慕麟
校正者 張亮清

航空戰術與技術

賀耀組

124. 航空战术与技术 ／ 美国陆军大学原著，陈慕麟译述

　　该书共分为四篇，第一篇为性能与编制，主要介绍航空机的类别、术语及定义，军用航空机性能，重航空机，航空人员和编制，航空部队，给养，修理，维持和运输等；第二篇为各种侦察航空机航空部队，主要介绍了侦察机的性能、飞船的一般性能、气球侦察等；第三篇为各种战斗机航空部队，主要介绍了驱逐机航空部队、攻击机航空部队、轰炸机航空部队等；第四篇为空军，主要介绍了军事委员会空军大部队、配属大兵团的航空部队、陆地部队之空中运输等。

　　该书原为美国参谋大学的教科书，由时任长沙陆军大学研究院主任张亮清在参谋本部任职时，委托朋友从美国取得邮寄回国。该书由当时长沙陆军大学英文教授陈慕麟译述，学校将该书作为航空战术的参考书。

125. 兵器图说 / 刘维宜、孙惠道编著

该书为商务印书馆发行的"民众战时常识丛书"之一种，共分为五节，主要介绍了步枪、自动步枪、手提机关枪、轻机关枪、高射机枪、迫击炮等陆军用兵器，巡洋舰、驱逐舰、航空母舰、鱼雷艇等海军用兵器，侦察飞机、战斗飞机、轰炸飞机、炸弹、探照灯、照明弹等空军用兵器，以及发烟剂、毒气等化学兵器和死光等"可怕的"新武器。

该书图文并茂、言简意赅，每种兵器图后附有相关知识介绍，内容包括名称、用处、种类、装置、用法、威力等。有关新武器的发展，提到了死光，认为将来战争只要有几架死光机就可以毁灭敌国，还提及当时新近发明的新武器，如水底坦克车、空中捕机网、无声枪炮、电炮等，其中所述法国人发明的电炮[1]用电流代替火药发射炮弹，射程为八百公里。

---

[1] 除使用化学能外，还可以用电能发射炮弹，由此构造的发射装置就是电炮（Electric Gun）。作为一种新概念火炮，电炮分为电热炮（Electrothermal Gun）和电磁炮（Electromagnetic Gun）两种。王群，耿云玲. 电磁炮及其特点和军事应用前景 [J]. 国防科技，2011(2).

126.现代各国航空工业 ／ 陶叔渊著

　　该书共分为八个章节,主要概述各国航空工业的发展过程、飞机制造、发动机制造、仪器及零件制造等,涉及法国、英国、德国、美国、意大利、日本、苏俄和中国等国的航空工业基本情况。

　　该书认为欧战以来,战争方式由陆海转向空中。航空器材成为最重要的国防武器。编辑该书的目的在于促使国人了解各国航空工业现状及其发展趋势,以促进本国航空工业的发展,奠定航空救国的基础。

127. 空袭与空防 / 邹文耀编著

该书共分为四章，主要介绍战斗机的种类，侦察飞机、爆炸飞机等军用飞机的种类及其功用，空中袭击的方法、时间、天气及防空武器，在战场、都市空防中的防空作战及伪装等空防方式方法。该书初版于 1933 年。

空袭战是指使用飞行器或其他运送工具如导弹、火箭等，将爆炸物或其他物品从空中投放到地面、水面或大气层中进行袭击的一种作战样式[1]。作者认为，在立体战争时代，军人如不知道面对空袭如何防御，市民不了解空防设施设备，无异于将自身置于危险境地，因此，其通过该书向防空作战的军人及一般市民普及知识。

---

[1] 李洲等编著. 空袭战 [M]. 长沙：湖南科学技术出版社，2000：1.

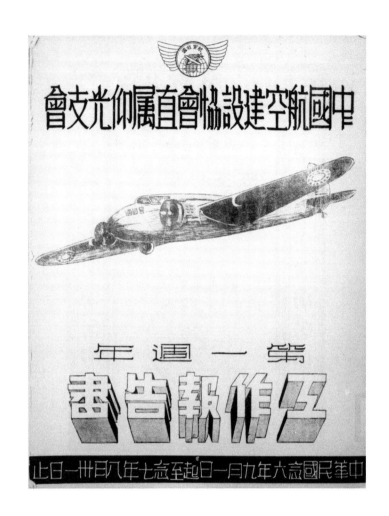

128. 中国航空建设协会直属仰光支会第一周年工作报告书 ／ 仰光支会编辑

中国航空建设协会建立后，在全国各地积极筹建省市分会，并积极在国外筹设海外分会。中国航空协会形成了从中央到地方、从国内到国外相对完善的统辖体系，为分会运行提供了制度性保障[1]。该书标明为"非卖品"。

该报告属于民国二十七年（1938）民国财政部关务署法令汇编的内容，主要介绍了自 1937 年 8 月 29 日至 1938 年 8 月 31 日之间，中国航空建设协会直属仰光支会一周年的工作概况。主要内容包括中国航空建设协会会长、常务委员、委员等照片，协会各种章程规则、人事更迭，会务主要事项，财务工作等内容。

---

① 熊斌 . 抗战前后中国航空建设协会述论 [J]. 山西档案，2016（2）：179.

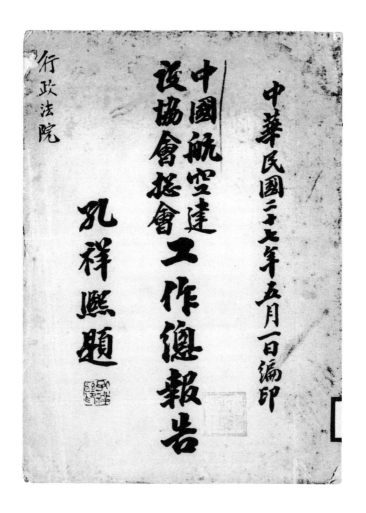

129. 中国航空建设协会总会工作总报告 ／ 中国航空建设协会总会编

中国航空建设协会由 1933 年先后成立的中国航空协会和全国航空建设协会合并成立，目的在于宣传航空救国思想、普及航空建设知识，筹措民间资金辅助政府开展航空建设。

该报告主要介绍了自 1936 年 9 月 16 日至 1938 年 4 月底期间中国航空建设协会的各项工作，包括各类章程规则、会务工作、财务工作、各界捐款购机情况、宣传倡导工作、会议记录等内容。

130. 法国之航空 / 郑汉生著

该书共分为五章，主要介绍了当时法国的航空发展状况，叙述了法国航空部组织架构、法国航空军组织架构、军用飞机基本情况、军用机场和军营等设施设备、空军学校发展情况、航空工业政策、飞机制造工业状况及商业航空发展情况等。

该书作者认为，航空为现代战争之利器，尤其第一次世界大战以来，各国军用航空发展迅速。一战后，受《凡尔赛条约》限制，唯有法国航空工业发达，其空军战略战术的演进、航空工业政策的改变、海军航空的发展、空军学校的改善、新式军用飞机的大量制造等，均可借鉴。

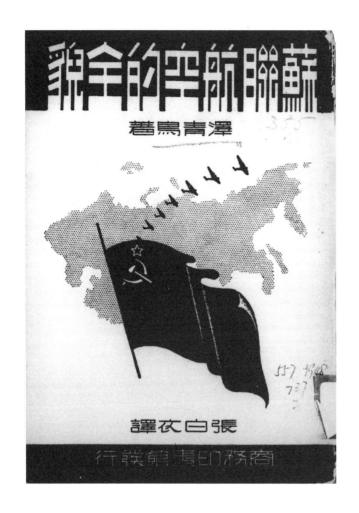

131. 苏联航空的全貌 / [日] 泽青鸟原著，张白衣译

该书包括附录在内共分三十二章，较为详细地叙述了苏俄航空发展的全貌。内容涵盖苏俄航空的沿革、革命后苏联航空建设的情况及成就、航空化学协会及力学研究所等机构、各类型飞机、红军空军的实力及 1937 年的北极探险飞行和斯大林航空线路的开拓等情况。附录为苏联航空用语辞汇。

一战时苏俄的航空队一度强大，后来实力有所衰落。随着内战的结束，苏俄的航空事业逐渐与列强并驾齐驱。原著者泽青鸟认为，苏俄"伴随着中日战争中对华航空的援助，愈加显示着挑战的态度了"，对此，其认为日本应该将苏俄航空作为检讨对象，充分加以应对。

132.飞机潜艇及其他 /[苏]阿伯拉摩夫(A. N. Abramov)著,符其珣译

该书为"苏联少年科学丛书"之一,共分为十章,主要介绍飞机、气动雪橇、潜艇、汽车、轮式轮船、螺旋桨推进式轮船、滑水机等的模型制作方法。该丛书还有一本是《少年电机工程师》。国图另藏有1940年、1941年、1949年等多个版本。

科技活动的根本任务是提高和培养青少年的科学素质。模型制作是青少年课外有意义的娱乐项目,一方面有利于普及科学知识,另一方面有利于引导和启发青少年去学习专门技术。该书通俗易懂,带有极强的故事性,很好地诠释了科普读物的重要意义。

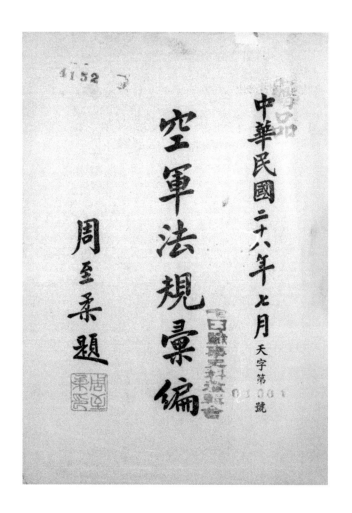

133. 空军法规汇编／航空委员会编

　　该汇编为《空军法规汇编》的第一编，所收法规截止于 1939 年 6 月。第一册主要介绍官规、军务、训练、防空、技术等五类法规；第二册主要介绍人事类法规；第三册主要介绍经理类法规；第四册主要介绍文书、军法、卫生等类法规；第五册为附录，主要介绍陆军法规、一般法规。

　　此外，国家图书馆藏有的《空军法规汇编》第二编第一册，主要介绍军务、训练教育、防空、技术、人事等五类法规；第二册主要介绍军事、一般类法规。第三编第一册，主要介绍军务、防空、教育、技术、人事、军法、经理、会计、卫生、政训、文书等十类法规，是重要的空军史研究史料。

134. 独立空军战术／葛世昌编著，张有谷校正

全书共两编，分为十二章。第一编为纲要，主要包括概论、空战关系要件、空战指挥、大军用法、建军及军制、储备要义等六章内容；第二编为各兵科战术原则，主要包括重空军战术（轰炸）、轻兵科战术（驱逐）、突击空军战术（攻击）、情报空军战术（侦察）、降下部队战术、列外空军战术等六章内容。

作者认为，在强敌威迫之际，要求得生存，先决问题在于充实国防，完善军备。空军是现代国防的关键，应当集中精力建设空军。未来战争，应当组建大规模空军，方能适应战争形势需要。

135. 空军兵器学讲义／任墨林编辑

全书共分为二十五编，主要讲述空军兵器，火药，弹道学，空军子弹，飞机机关枪瞄准具构造原理，布郎林、鲁氏、布瑞达、威克斯、马克沁等飞机的机关枪，以及我国统一式、我国特种、意大利式、美国式飞机炸弹等方面内容。

空军兵器学主要研究用于空战的飞机、飞艇等军用航空器及航空机枪、航空机关炮、空空导弹、空地导弹、航空炸弹等空军兵器的构造原理、战斗性能、应用范围、研制试验、操纵使用、技术保养、储存管理，及其在战争中的地位、作用等的一门技术学科，通常具体包括军用航空器学、航空机关炮学、航空炸弹学等[1]，是兵器学的一个重要分支学科。

---

[1] 谢储生编著. 现代军事学科词典 [M]. 北京：中国书籍出版社, 1994: 192.

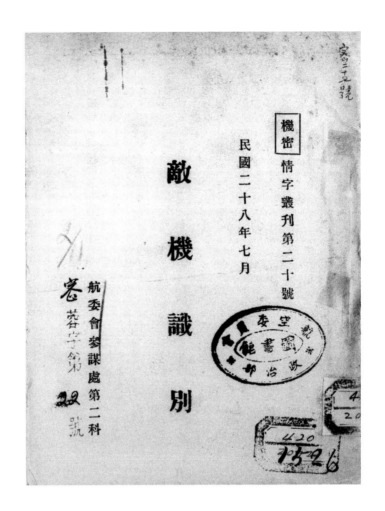

機密 情字叢刊第二十號

民國二十八年七月

敵機識別

航委會參謀處第二科

136. 敌机识别 ／ 航委会参谋处第二科编

　　全书共分为三部分，分别介绍敌（日本）陆军、海军飞机和运输机的识别方法。每种机型均配有敌机识别图，并详细介绍了军机的机翼、发动机马力、时速、上升限度及所需时间、机载武器装备、续航时间等基本数据信息。该书印有"机密情字丛刊第二十号"字样。

　　现代战争中，战斗识别，特别是准确无误地识别高速运动的空中目标，是一项高难度的战斗技艺[1]。敌机识别是军事训练的一项重要内容。该书作为军事训练教材，较为细致地描述了日本各类军机信息。

---

① 杜木．战斗识别训练系统：教你识别敌机 [J]．现代兵器，1996(3)：31.

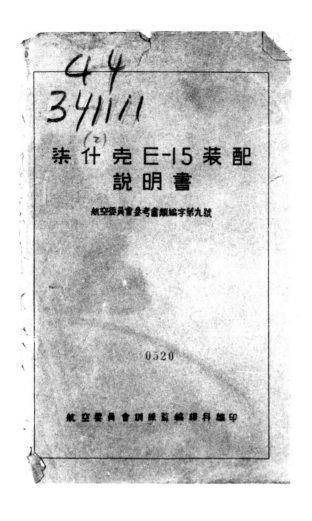

137. 柒什克 E-15 装配说明书 ／沈琢琳编著，林馥生审校

该书为航空委员会参考书类编字第九号，内容包括主翼、尾翼、起落架、发动机、汽油系、滑油系、武器、顺流罩皮、设备等九部分。

E-15 是苏制翼半单座陆用驱逐机，时速达到每小时三百八十公里，巡航速率为每小时三百二十公里，为当时中国所拥有驱逐机中的佼佼者。苏联派遣大批技术人员对中方进行技术指导，对该种驱逐机进行装配，作者将受训所得经验总结成了此书。

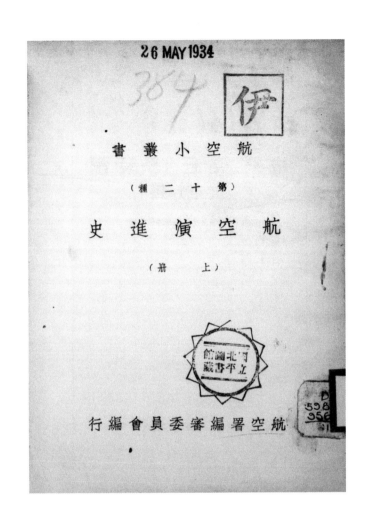

航空小叢書

（第十二種）

航空演進史

（上册）

航空署編審委員會編行

138. 航空演进史／航空署编审委员会编

　　该书为"航空小丛书"第十二种，共分上中下三册。国图所藏为其中的上册，主要介绍了航空发明的相关先进人物、蒙氏兄弟创造热气球的经过、航空家、白里斯的鸟形飞机等内容，均通俗简单。

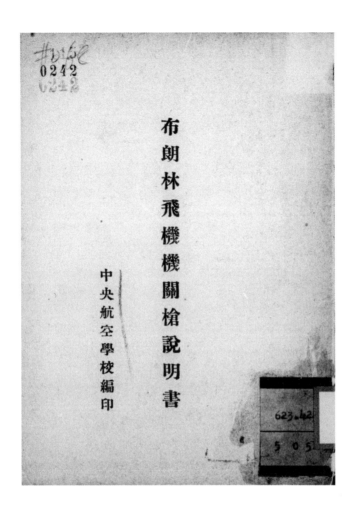

139. 布朗林飞机机关枪说明书 ／ 中央航空学校编

　　该书共分为六章，主要介绍了该机关枪的重量、长度等基本参数，拆卸及分解流程，动作原理，保管方法等内容，对相关名词及分解流程进行了介绍。该书节次并不连续，从第四节起，第四十五节终，缺了第六、第七、第九等多节。

1940~1949 年

140. 空军军士学校第一期学生毕业纪念特刊／[空军军士学校编]

1937 年底空军为培养飞行军士，充实空军下级战斗骨干，在四川成都筹办空军军士学校，于 1938 年 10 月 1 日正式开学。空军军士学校以蒋介石兼任校长，张有谷任教育长①。

该书主要内容包括题字、训词和箴言三类。其中有蒋介石、孙科、于右任、张伯苓等题词三十四篇，训词分为校长训词和厅长训词两部分，箴言主要是有关人士对第一期毕业学生的临别寄语和赠言，具有一定的史料价值。

---

① 戚厚杰等编著. 国民革命军沿革实录 [M]. 石家庄：河北人民出版社，2001：664.

141. 航空委员会民国廿九年度工作计划／[著者不详]

该书为航空委员会 1940 年机要、训练、防空、参谋、航政、机械、人事、经理、交通、总务、会计、政训、研究等十三个部分的工作计划大纲，书名由时任航空委员会主任周至柔题。

南京国民政府的军事航空组织从 1926 年的北伐战争开始，经历了航空处、航空署、航空委员会、空军总司令部等阶段。该工作计划书包含了航空委员会十三个重点工作内容，如其中的"训练之部"包括了训练处、教育处、编译科、典范令编纂委员会、招生委员会等五个部门的工作计划，这对于研究航空委员会而言，具有重要的资料价值。

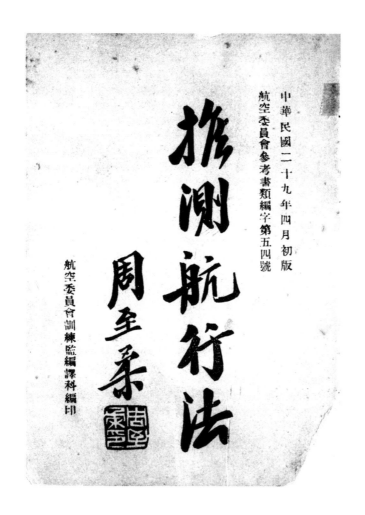

142.推测航行法／郑家晋编译，王卫民、郑鹤校正，林馥生审定

该书包括序言、罗盘、真向、磁向、罗向、方位、仪器、校正罗盘、增进熟练等十七章。封面印有"航空委员会参考书类编字第五四号"，书名由时任航空委员会主任周至柔题。

1934年5月，南京国民政府航空署改组为航空委员会，委员长为蒋介石，秘书长为宋美龄，常务主任为周至柔，军事委员会有对航空委员会的直接领导权。航空委员会在建设航空工厂、开设航空学校、编译撰写航空教材、培养航空人才等方面做出了积极努力。该书根据挨尔马（Ienar E. Elm）在1929年出版的 *Avigation By Dead Reckoning* 一书进行编译，为初级飞行学生教材，也可供高级飞行员参考。

143. 飞机性能之捷算法 / 王士倬、徐舜寿著

　　该书为航空委员会航空研究所技术丛编的第一种，书中除"绪言"外，全为英文，共分为正副两章，正章解释计算飞机各项性能所用的公式，并附有应用图表；副章列举两题，用表格方式分别详细计算其性能。封面印有"技术丛编第一号"字样。

　　抗日战争初期，航空企事业单位大举西迁，损失惨重。当时中国空军所需装备、物资基本依赖外国供应。由于沿海各大城市、港口相继沦陷，空军处境愈益困难。在这一背景下，1939 年 7 月，航空研究所于成都建立，后改称航空研究院，隶属于航空委员会。航空研究院的科研工作有效支持了空军持久抗战，培养锻炼了航空科研人才，为四川地区的航空科学技术发展做出了开创性贡献，为中国航空科技发展积累了宝贵经验。该书为航空研究院飞机设计、修理研究的规范性技术丛编第一号，第二号为《飞机修理法要领》，于 1940 年 11 月发表[1]。

---

① 傅海辉. 抗战时期空军航空研究院科研工作之研究 [D]. 上海交通大学，2015：44.

144. 英汉航空用语字典 ／ 林菊生总编辑，胡伯琴等编辑，林馥生审定

该书由航空委员会训练监编译科编印，以日本航空用语辞典为蓝本，参考航空百科全书及各种航空刊物与字典，并尽量搜集军语及有关航空之机械、电学与气象等名词而成。

民国时期，中国航空行业研究远落后于世界诸国，国人关于航空的名词解释、翻译，一直没有统一的标准。抗日战争爆发以前，航空委员会曾组织编印了《航空用语辞典》和《航空辞典》，用作国人航空研究的指南。该书为抗战爆发后航空委员会编辑出版，其名词释注，有从宜（选择与原意最宜者）、从熟（选择为人所熟者）、从简（选择文字比较简单者）、从俗（选择航空人员已经通用而字义并不甚粗鄙者）、从旧（选择各种字典已通用而无需修改者）等五个特点，对于当代学者研究民国时期航空理论、技术及发展历程具有重要价值。

145. 飞机木材之处置与使用 / [航空委员会航空研究所编]

该书包括木材构造概说、西南木材产区及分布、飞机木材之采择、飞机木材之解锯与收缩、飞机木材自然干燥之堆集、飞机木材人工干燥之处置、飞机木材之选用等七部分内容。封面印有"航空委员会航空研究所技术丛编第三号"。

航空委员会航空研究所的一个主要任务，就是使航空器材与航空设备国产化，这也是其最为成功、最有特色的方面。从建所初期，航空研究所便开始了木材性能研究，经过一年多的实际操作，余仲奎等研究人员参考国内外资料以及航空研究所木材试验的经验，并考虑到研究所设备的实际情况，专门编制撰写了两个规范木材试验的指导性文件，列入航空研究所"技术丛编"系列图书。除该书外，另一本为《木材力学实验标准草案》。其目的是统一试验标准，以使试验结果合理可靠。该书参考了各国通用木材力学试验标准，以及1939年国际森林研究协会木材研究委员会关于木材力学试验的议决案而编成①。

---

① 傅海辉. 抗战时期空军航空研究院科研工作之研究 [D]. 上海交通大学, 2015: 55.

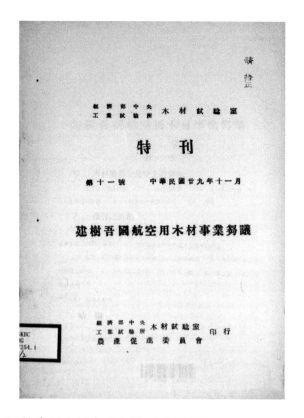

146. 建树吾国航空用木材事业刍议 ／唐燿著

该书包括三部分内容，第一部分为木材应用于飞机上的各种问题，包括木材之性质及种类、木材选择、试验、干燥与保藏等；第二部分为进行之计划，包括目标、办法和期待之结果；第三部分为结论。封面印有"经济部中央工业试验所木材试验室特刊"字样，为该特刊的第十一号。

早期飞机所使用的是木质材料，当时英、美大多采用白银枞，其次是白杨木、胡桃木、桃花心木等。西方对木材性质的研究详尽，飞机应使用何种木材，也已经确定，有关的各项规程，也已经订立。二战期间，飞机的主要部件已经开始改用铝合金和合金钢制造。而中国当时尚没有制造能力，因此不得不继续以竹木为主要材料。中国木材资源十分丰富，但素来缺乏对木材的科学研究，对各种木材的理化性质并不清楚，以致航空、交通和兵工等领域的木材竟然多数依靠海外进口。抗日战争爆发后，进口渠道不畅，飞机制造与维修发生了用材短缺的问题，因此木材自给成为必然，这就使对木材力学性质的研究成为当务之急[1]。该书重点研究的是川西木材应用于飞机制造的可能性。

---

[1] 傅海辉. 抗战时期空军航空研究院科研工作之研究 [D]. 上海交通大学，2015：51.

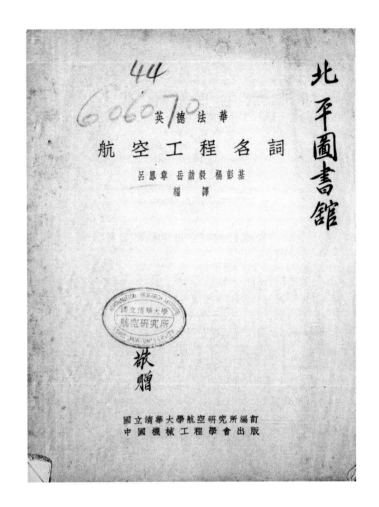

147. 英德法华航空工程名词／吕凤章等编译

该书收集了欧美最新书籍、杂志中常见的航空工程名词,参考其英德法文原义,从简慎译,共 2000 余条,由当时的"国立清华大学"（现台湾清华大学）航空工程研究所及中国机械工程学会合作编订而成。

民国时期,工程学术著作的翻译出版面临很多阻碍,其中"最要者,厥为翻译工作进行施工成一名之采用与统一。故工程译名之编定与审定,实为提倡工程学术之先导。盖统一的工程译名,实为编译工程书籍必不可少之工具也"①。该书将英文、德文、法文及中文共同比对,对航空名词的统一翻译具有十分重要的学术价值,对我国近代航空工程的发展具有十分重要的意义。

---

① 李亚明等. 我国近代首次中外交换留学生制度的考察 [J]. 清华大学教育研究,2011（6）:104—111.

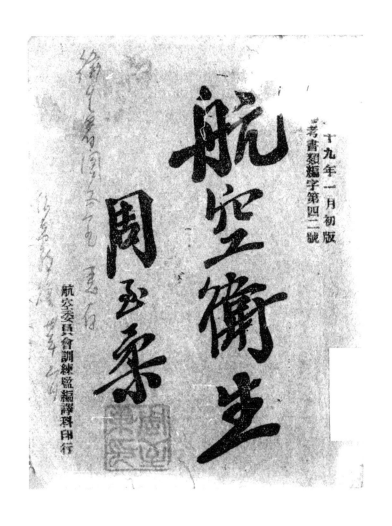

148. 航空卫生 / 张祖德编译

　　该书包括对气流及寒冷之保护，对闹声、震动之防御及航空病源之预防，发动机排出有害气体之防御，高空氧缺乏之防御四部分内容，附有高空呼吸问题大观图一幅。

　　抗战期间，航空委员会为培养航空人才，编译撰写了大量航空教材。该书为空军军医训练班教材，编写目的在于通过对航空中经常遇到的气流、震动、航空病等问题的处理，保障航空人员的战斗力。正如书中序言所说："战时空军之优劣，空战之胜败，悉依空军人员之智力体力而取决。是故整备空军，应设法将一切有害于身体，有伤于精神，有减低功作效能之因素，尽行除去之。"

149. 简易空气动力学 /［美］柯雷鸣（Alexander Klemin）著，王达新译，张啸天校

该书包括空气与大气之性质、流线流及白诺李氏定律、飞行之基本原理、机翼周围之气流及机翼测验法、飞机性能之基本计算法、飞机力学纲要、落地及落地奔程、起飞与攀升、翼剖面选择法等内容，共十九章。每章后附习题及答案。原书名为 *Simplified Aerodynomics*。

1934 年，国民政府航空委员会委托教育部招考二十五人赴意大利学习航空工程技术，该书译者王达新正是其中之一，当时主要负责学习电气。1937 年，南昌飞机场亟待开工，包括王达新在内的大部分学员被征召回国。回国后，王达新在《航空杂志》上发表了《留意学员工厂实习报告》一文，介绍了在意大利某飞机制造厂实习的情况，如他们在材料试验室、螺旋桨制造部、轻金属部、机翼部、机身部、装配部等的实习情况[1]。该书原著者柯雷鸣，为美国纽约大学航空学院航空工程学教授，其所撰写的该书与《飞机应力分析》，是"飞机设计之两种计算——性能及强度"的入门书。

---

[1] 王达新 . 留意学员工厂实习报告 [J]. 航空杂志 .1937, 7 (7)：204.

150. 航空气象学教本／陆鸿图编述

该书包括序言、气温、气压、湿度、风、升降气流、云、云的成因、能见度、雷雨、高低气压、天气变化、天气图、天气预知简法等十四章内容，共计对 169 个气象学概念进行了解读，每章后附有问题。

民国时期的气象教育，除了中央大学、清华大学等设有气象组（系）以外，还有中央研究院气象研究所开办的气象学习班和国民政府空军开办的测候训练班（气象训练班）。中央研究院气象研究所的气象学习班由竺可桢创办，共办了 4 期。陆鸿图时为气象研究所测候员，自 1930 年秋至 1931 年 4 月被派往德国学习气象观测[1]。以陆鸿图为代表的民国时期气象学留学生归国后总结、翻译，撰写了一批气象学教材，为气象学本土化发展及后来的气象工作实践提供了重要的参考，也为抗战时期空军抗日空战的气象保障做出了很大贡献。

---

[1] 许玉花. 近代气象学留学生群体研究 [D]. 南京信息工程大学，2017.

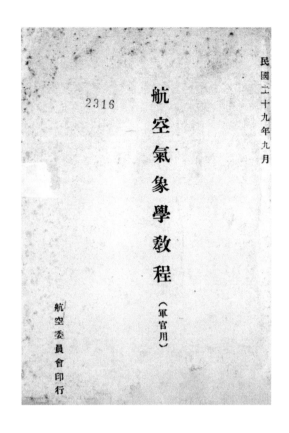

151. 航空气象学教程 ／［ 航空委员会编 ］

　　该书包括概说、天气变化之根源、关系飞行之气象、天气之变化、天气预报、气候等六章，附录为世界各地有关飞行之天气概况、飞行气象报告（口授）等内容，书的封面注明为军官使用教材。

　　民国时期航空气象教育培训最早起源于南苑航空学校。1913 年，北洋政府聘请部分外国航空人员在北平南苑开办航空教练所，创建了中国第一所培养航空人才的学校，课程分学科和术科两大类，其中就包括了气象学课程[①]。1927 年国民政府成立后，于 1928 年在中央研究院下成立气象研究所筹备组，1929 年中央研究院气象研究所正式成立，竺可桢任所长。1934 年 5 月，南京国民政府航空署改组为航空委员会，也编译、撰写了一些航空气象学教材。该书与黄厦千博士所公开出版的《航空气象学》为同期著作，但该书作为航空委员会航空气象学军官教程，并未公开出版。

[①] 气象史料挖掘与研究工程项目组 . 国民政府时期空军的气象教育培训 [J]. 气象科技进展，2015: 5.

152. 高速气流突变之测定／钱学森著

该书原名为 *A Method for Prediction the Compressibility Burble*，为钱学森发表的英文学术论文，其中有中文摘要，主要研究内容为用绝热曲线的切线代替绝热曲线本身，从而把非线性方程的解转换为线性方程的解，以此方法得到临界速度值，并在此基础上，研究能否利用低速风洞实验得到的速度和压力分布数据，来预言高速情况下可压缩性突变的临界速度的方法。

该书是钱学森博士论文研究的延续，亦为航空研究所较早发表的研究成果。航空研究所的每篇论文都按时间顺序统一编号，称"航空研究所（院）研究报告第 × 号"。钱学森的论文是第二号，钱学森曾于当年的美国航空学会年会上宣读了该论文。当时中国早期航空专家王助主持航空研究所工作，于 1940 年初致信钱学森，希望其回国工作，并推荐钱学森任委托研究员。该书即为钱学森担任委托研究员后发表的。钱学森也是所有委托研究员中唯一为委托单位撰写学术论文和学术评论的，体现了钱学森当时对国内抗战航空事业的支持①。

---

① 傅海辉，关增建. 新发现的钱学森学术评论及其早年学术思想探微 [J]. 上海交通大学学报（哲学社会科学版），2014（3）.

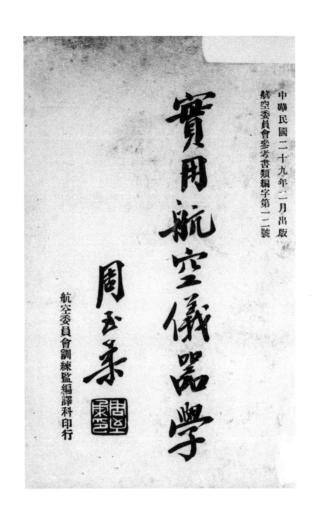

153. 实用航空仪器学 ／ 苏用中编译，林馥生审定

该书包括总论、转数表、温度表、压力表、汽油容量表、速度表、高度表、转弯仰斜表、方向仪、地平仪、升降速度表、罗盘、航行辅助仪器、压力表等十四章内容。封面印有"航空委员会参考书类编字第一二号"，书后附有使用航空仪器学初版勘误表。

1934年，国民政府将航空署改组为航空委员会，其下属训练监编译科编译、撰写了大批航空教材。该书与中央航校、空军军事学校等单位编写的《航空仪器学》教材相比，章节划分更加细致，内容也更为丰富。

154. 翱翔 / 李景枞、何逸编译

该书分甲乙两部，甲部包括飞行员之准备及生活、地点之选择、教练、飞机拖曳、风与云、飞机之检查等十二部分内容；乙部包括略说实用气动力学、略说关于实用静力学者、滑翔及翱翔飞行常用之名词及其简释三部分内容。封面印有"航空丛书"。

该书根据德国斯坦默（F. Stamer）和利皮斯（A. Lippisch）所著的《青年翱翔飞行家手册》编译，按该书序言所言"所有名词多就 Schlomann 词书（疑为德国工程师施勒曼博士 1906 年所著《技术词典》）及中国工程学会之《机械名词》与中央航空学校《航空用语辞典》"以诠释。译者李景枞，1908 年前往柏林工业大学、苏黎世工业大学等学校学习，回国后担任航政司航空科科长、交通部总务司司长、"欧亚"副董事长兼总经理。

中華民國二十九年七月

抗戰參考叢書第二十五種

空軍陸戰隊

一般作戰之參考

（機密）

軍事委員會軍令部編印

155. 空军陆战队一般作战之参考／军事委员会军令部编

该书包括空军陆战队之史实、作战要领、对策，以及对于敌军使用空军陆战队之判断四章内容。封面印有"机密"及"抗战参考丛书第二十五种"。

该书出版前，军事委员会军令部曾以"第十四号作战教令"颁发了空军陆战队的作战特性及其对策，当时预测在对日战场上出现的可能，为军事演习而准备。然而，二战爆发后，德国在对挪威、荷兰、比利时作战中，大量使用降落伞部队于敌后作战且效果明显，因此军事委员会军令部通过搜集德国作战的经验，并研究其对策，从而编成该书，弥补"第十四号作战教令"的缺陷。

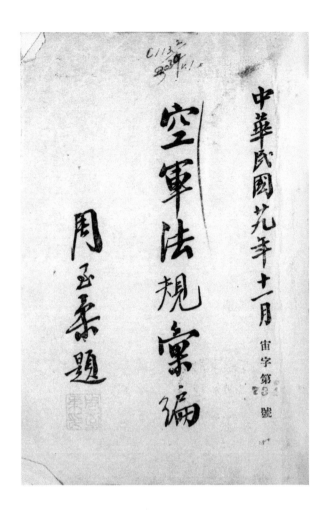

156．空军法规汇编．第二编／航空委员会编

　　该汇编包括航空委员会编辑的空军法规类资料，共两册。第一册（上）包括军务、训练教育、防空、技术、人事等五类，共计一百一十二种。第一册（下）包括军法、卫生、经理、会计、政训、文书等六类，共计六十三种。第二册包括军事和一般两类，共计一百一十八种。封面有周至柔题的"空军法规汇编"。

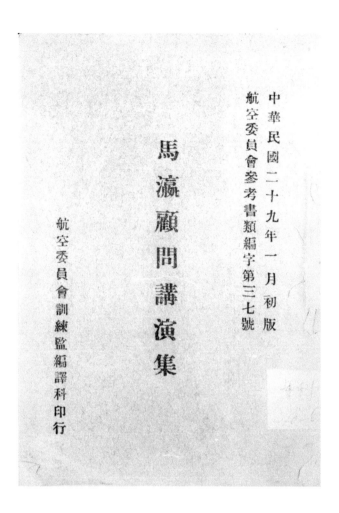

中華民國二十九年一月初版
航空委員會參考書類編字第三七號

馬瀛顧問講演集

航空委員會訓練監編譯科印行

157. 马瀛顾问讲演集 ／ 马瀛讲演，李呆、何方理译录

该书共收录了马瀛的四篇演讲稿，包括空军轰炸、空军驱逐、空军侦察、陆军联络等。该书为航空委员会参考书类编字第三七号，由航空委员会训练监编译科印行，后附有勘误表。马瀛，抗战期间国民党空军军事顾问，其具体生平不详。

大眾航空叢書第一種

氣球

胡伯琴 譯著

158. 气球 ／ 胡伯琴译著

该书为"大众航空丛书"第一种，包括最初的轻航空气、更大的与更好的气球、著名的气球航行、现代的气球四章内容。

该书由初中和师范学校的教师与学生共同编辑完成。抗战期间，胡伯琴翻译了多种空军教材，包括《航空地图学》《美国空军小史》《华特可塞 V–65–CI 型飞机之装配与保管》等。

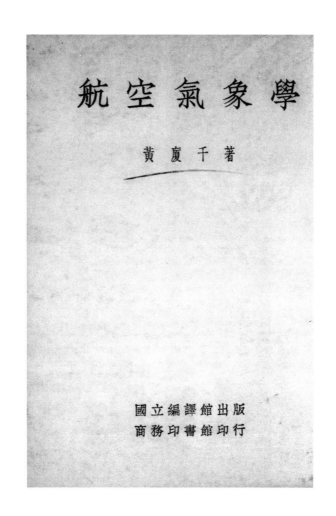

159. 航空气象学 ／ 黄厦千著

该书包括大气界之物理性、气象要素、气象仪器、大气界之垂直组织、风、天气、雷阵、云、雾、飞机积冰、乱流、能见度、气象报告及天气预报、气象知识在航空方面之运用、飞机上所附高度表之订正、飞行、飞艇气象学等十七章内容。

黄厦千，是美国加州理工大学航空研究所气象学硕士、哲学博士，国立中央大学教授，其在绪论中写到，该书撰写之目的为便利航空驾驶员及从事航空方面人员运用气象知识，是一个实用科学，而非理论科学。该书为我国最早的公开出版的航空气象学著述[①]。

---

① 中国近代气象学大事记．中国科技史料，1983（2）．

160. 跳降落伞的理论与实践 / [苏]喀依坦洛夫、[苏]巴乌涅依夫著，王亚梅译

该书包括降落伞底简史、降落伞、初步教练跳伞、跳降落伞、特技飞行跳伞、迟缓张伞及其基本理论、跳伞者卫生及其预防等七章。后附《跳伞者之备忘录》一种。

该书为范德烈主编的"国民航空教育小丛书"第二种。该书编写的目的有六点：其一，研究降落之组合；其二，学习跳伞的基本理论；其三，熟知跳伞的规则和要素；其四，能够计算恰当跳伞的过程；其五，遵守跳伞者卫生要求和预防方法；其六，了解特别困难和复杂跳伞条件及强迫跳伞的规则。

161. 飞机修理法要领 ／[航空委员会航空研究所编]

该书为航空委员会航空研究所技术丛编第二号，内容主要包括材料、铝合金制件、更换零件、钢线及钢绳、桌布、全金属机翼机身、木质或金属之硬壳式机身机翼、接头零件、木质翼肋、木质翼梁、压缩翼肋、钢管机身、起落架、翼撑柱、翼缘、操纵面、铝合金螺旋桨、木质螺旋桨和空心钢螺旋桨等十九节，附录有铝合金之热处理、钢绳编结法、木工用胶及层板三种。

该书内容的拟订主要依据、参照美国民用航空总监部所颁发的民用航空规程第十八章（Civil Air Regulations Part 18），最初经由航空委员会第一制造厂翻译，之后进一步做了内容补充。

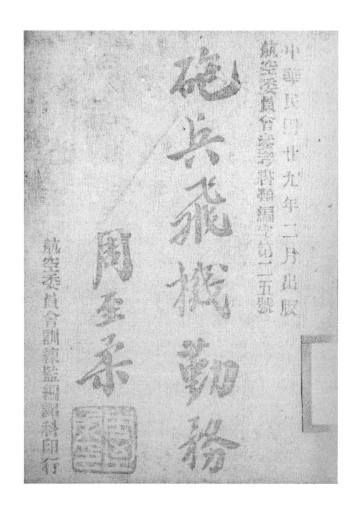

162. 炮兵飞机勤务 ／ 王祖文编译，航空委员会训练监编译科编

　　该书共分为总论、炮兵飞机飞行时之气象判断、炮兵飞机飞行前之准备、炮兵飞机飞行之实施等四章，后有附件炮兵试射观测通信示例、炮兵射击检点通信示例、炮兵对活动目标射击观测通信示例、炮兵对活动目标射击观测（用试射目标）通信示例、一般炮兵状况监设通信示例、用投下报试射观测通信示例等六种，另有炮兵空中观测射击无线电及布板信号表、炮兵炮火观测布板信号表及勘误表等附件。

　　炮兵飞机的主要任务在于搜索和炮火观测两项，主要程序分为目标搜索、炮火观测及射击检点和一般炮火状况之监视。从事炮兵飞机侦察，需要掌握无线电信机、无线电信密码及布板信号和无线电信勤务等相关知识。该书为航空委员会组织编译的教材，用于训练炮兵飞机飞行员。

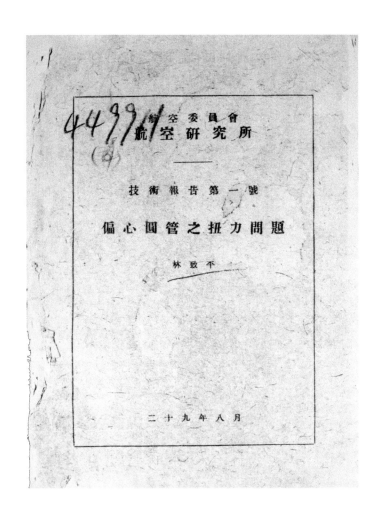

163. 偏心圆管之扭力问题 / 林致平著

该书为航空委员会航空研究所技术报告第一号，内容为英文，有中文摘要，后附钱学森对该书的评议。该书英文名称为 *Torsion Of An Eccentric Hollow Tube*，内容上分为 "The Theory" "The Application" 两部分，后有附件 "The Cauchy's Complex Integration Comment On The Paper By Dr. H. S. Tsien" 一种。该书内容主要探讨了偏心圆管的扭力问题，依据圣维那的扭力理论，应用双极坐标，通过获得扭力函数来解答扭力问题。

林致平（1909～1993），江苏无锡人，曾就读于交通大学土木工程系，1931年考取中英庚款留学生，赴英国伦敦大学攻读航空工程专业，于1937年获得博士学位。回国后，旋即被航空委员会聘任为空军机械学校高级教官及高级班主任、四川大学航空系主任，其后转到航空研究所工作，任研究所（院）结构组组长。林致平除了该研究领域以外，还始终跟踪航空乃至航天科技各领域的最新进展。

164. 滑翔学 ／ 李大经、杨永章、韦鼎烈等编著

该书为范德烈主编的"国民航空教育丛书"第一种，共分为历史、原理、操纵术、飘翔飞行四部分，主要介绍了滑翔术的发展渊源、飞行原理和操作办法。书中配有大量图片，近百幅，详细介绍了滑翔种类和技术要领，分解有序，图文并茂。

相较于飞机制造而言，滑翔运动的起步较晚，发展较慢，大多数滑翔机都以自造为主。1939 年 6 月，航空委员会滑翔训练班成立，由韦超担任主任。后韦超驾驶滑翔机失事牺牲，由李大经补任主任，主持滑翔运动的发展[1]。由于经费有限，滑翔机的制造和维护处于困难状态，虽然在理论普及上取得了不少成绩，但在事业总体发展上一直处于较为基础的层面。

---

[1] 姜长英著. 中国近代航空史稿 [M]. 西安：西北工业大学出版社，1982: 116.

165. 世界空军军备／周至柔著

该书为"国防科学丛书"之一，全书共分为绪论、德国、苏联、英国、法国、意大利、美国等七章，附录有日本空军悲惨的命运、欧战与空军、各国航空母舰一览表和世界各航空军飞机数量表四种。绪论部分介绍了空军的肇始与发展、现代的空中战争、国际局势和空军及强大空军的因素等内容，后分国别介绍西方军事强国的空军组织、实力及战略，书前有周志柔代序。该书初版于 1930 年 12 月，国家图书馆藏有 1940 年和 1941 年再版本。

作为中国空军的创始人，周至柔除了擘画领导全国航空事业外，也积极投身于著书立说，该书与之前其所著的《国防与航空》构成了当时中国空军军事学术研究的高峰。该书全面地介绍了同时期世界各国空军发展情况，研究者可以从中了解同时代的相关态势，也能从表述的用墨轻重透析中国参考相关国家的发展重点。周至柔在书中着重强调了中国青年对于航空事业发展的重要性，呼吁青年要与航空事业携手，行要前进，情要热烈，志要高卓，向航空事业的尖端迈进。

166. 航空战术摘要 ／ 中央陆军军官学校教育处通信兵科编审委员会编订

该书共分为空军之特性、飞机之种类及其性能、敌机航空时之识别法、飞行原理、侦察飞行、轰炸飞行、驱逐飞行、攻击飞行、陆空联络法等九章。书后附有队号布板配置及标示方法、陆空联络数字布板信号表、通信筒大小形式图等。该书初版于1939年2月，国家图书馆所藏版本为1940年6月改订本。

该摘要为中央陆军军官学校教材，供第一年新生学习使用，内容约需十小时教授时间。该摘要根据中央陆军军官学校1936年航空战术编制而成，弁言页有"沈瑞麟"字样。

167. 最新航空奇观 ／ 沙羽编

该书为"科学知识丛书"之一，为航空知识的普及类读物，由《好像神话的航空发展史》《来特昆仲的故事》《后来居上的法国航空热》等二十四篇短文组成，内容涉及航空领域的方方面面，浅显易懂。

该书主要面向非科学专业的一般学生和青年大众，以使读者"对近代最新的科学有所认识，并且能引起研究科学的兴趣，进一步而决心从事科学的工作"为目的。该书对于青年群体了解并认识航空知识起到了重要的作用，萧军曾在日记中记录阅读了此书①。

---

① 萧军著. 萧军全集 20：第二辑 四十年代（续）第三辑 五十、六十年代 [M]. 北京：华夏出版社，2008：185，550.

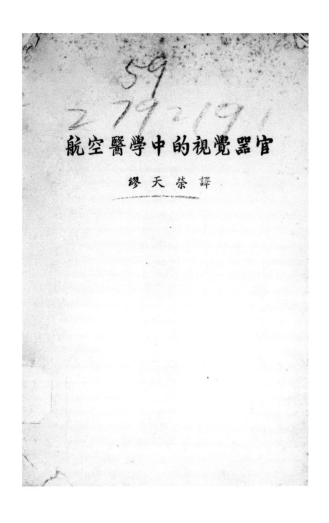

168.航空医学中的视觉器官 ╱ 未尔哈根（K. Velhagen）著，缪天荣译

该书为"航空医学参考丛书"第四种，全书共分为引言、飞机员视觉器官的生理和病理、实际应用情形、教学和研究等四部分，书后有译后记和勘误表。目录页题名为"航空医学中的视觉器官"。

飞机失事的教训促进了航空医学的研究，经过统计，相当比例的事故是由驾驶人员身体的缺陷造成的，而眼科又是航空医学领域中的重要学科。该书译者缪天荣是中国眼视光科学的重要拓荒者，其在 20 世纪 50 年代发明的对数视力表至今仍在沿用。该书为缪天荣的第一部译作，当时缪担任空军军医训练班教官，认为国际上有关航空眼科方面的文献大多为专门性质，主要应用于实际的检查，在国内更是鲜有针对初学者的教学材料，故而翻译该书用于教学等研究工作。

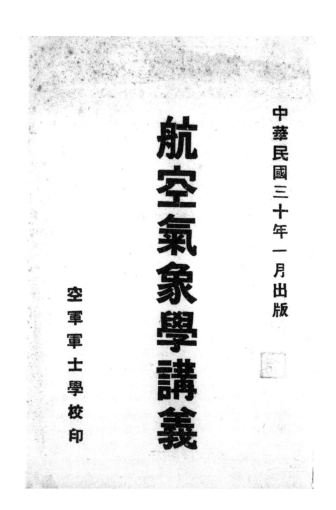

中華民國三十年一月出版

航空氣象學講義

空軍軍士學校印

169. 航空气象学讲义／邹学思、魏元恒编辑，空军军士学校教育处教授科编

　　该书共分为概述、大气、气温、气压、湿气、云、能见度、风、飞行气象测报、反旋风及旋风、天气图、机身结冰、雷雨等十三个章节，附录有天气预报一种。该书为空军军士学校授课讲义，书中有多幅插图。

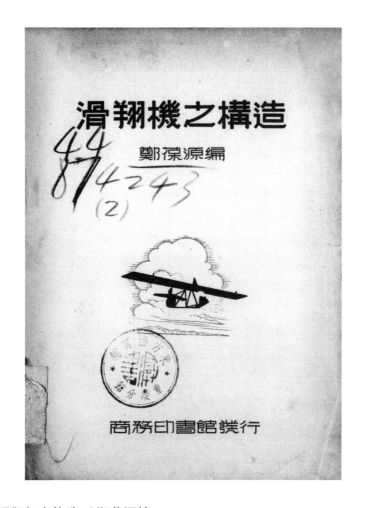

170. 滑翔机之构造 ／ 郑葆源编

　　该书共分为滑翔机概论、设计及构造、性能、载重分析、空气力分布及计算、稳定性、材料、设备等八章，附录有升力及阻力公式、诱导阻力、弯曲力距及剪断力之计算公式、机身扭转—应变能力计算、轴及基本运动之定义、符号表、英国（狄克生）初级滑翔机之构造详图等十一种。书前有马德树、邹文耀、杨福鼎、王助序和自序。

　　作者郑葆源毕业于福州船政学堂，为福州海军飞潜学校第一届毕业生。20世纪40年代，郑葆源实际负责第三飞机制造厂的军工生产工作。在这一时期，制造三厂制造了三十余架"大公报"号高级滑翔机[1]，为中国军事滑翔事业的发展做出了巨大贡献。

---

[1] 周新民，周琴著. 思敬园：上海城市记忆拾遗 [M]. 上海：上海书店出版社，2018：317.

171.空军陆战队 /[德] Lothar Schuttel 著，邹陆夫译

该书共分为落下伞之沿革、跳下伞之种类、跳伞对于人体之影响 跳伞员体格之标准、跳伞员之教练 教练器材——跳伞塔、跳伞经历丛谭、困难条件下之跳伞、空军陆战队之沿革、空军陆战队之使用暨其防御法、空军陆战队之战术、空军陆战队之补给、非正规跳伞兵之使用、各国空军陆战队之现状和结论等十三章。该书根据 1940 年德文第三版翻译而成，原名为跳伞部队与空中步兵，书名由万耀煌题写。

该书介绍了空军降落伞部队的沿革、构造和教育等方面的情况，伞兵诞生于第一次世界大战，被广泛应用于第二次世界大战，伞兵的主要职责有运输补给、间谍与防御等。该书还简要概述了苏联、法国空军陆战队的编制和装备情况。

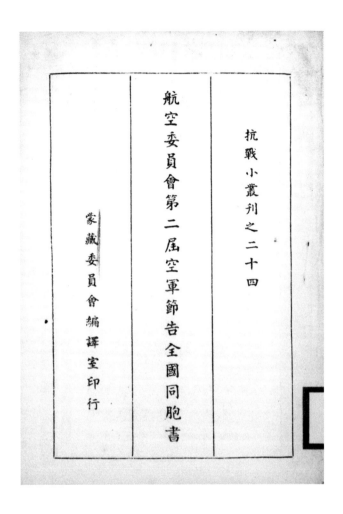

抗戰小叢刊之二十四

航空委員會第二屆空軍節告全國同胞書

蒙藏委員會編譯室印行

172. 航空委员会第二届空军节告全国同胞书 ／ 蒙藏委员会编译室编译

该书为"抗战小丛刊"第二十四种，内容同题名，内有汉、蒙、藏、回四种文字对照。其首先歌颂了抗战四年以来中国空军在笕桥空战、徐州会战、武汉会战中取得的功绩，共击落敌军二千零五十四架飞机，俘虏或击毙敌飞行员二千六百五十人，之后对中国空军取得战绩的原因和当时的战局情况进行了分析，最后呼吁全国同胞"大家起来捐献飞机、协助政府，以迅速促成大空军之建立，雪耻，复仇"。

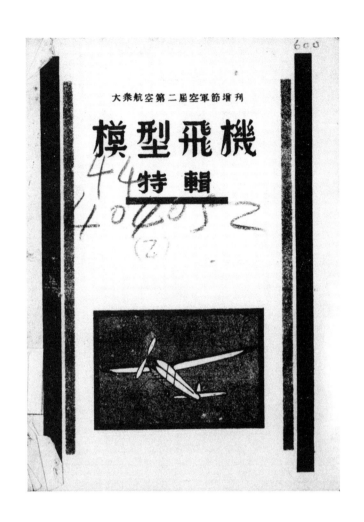

173. 模型飞机特辑 ／ 大众航空社编辑

该书为大众航空第二届空军节增刊特辑，全书收周至柔的《飞机模型运动献言》、简朴的《推行制造飞机模型运动》、李束丝的《展开飞机模型运动》、陆仪的《兰莱略传》等十四篇文章，有编后记。

航空委员会政治部在第二届空军节期间举办了模型飞机升空表演及展览，大众航空社以此编辑了模型飞机特刊，所编文字包括了模型飞机的各方面材料，有制造方法、简易理论和一般常识等，文章长短不一，多则千字，少则二百余字，文内多附有插图。

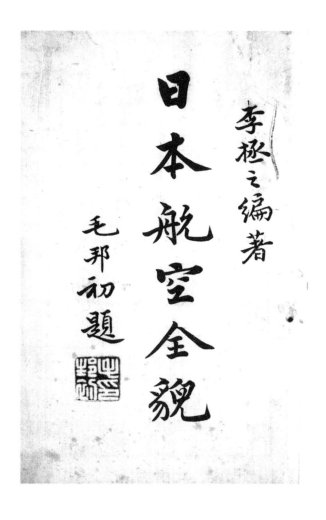

174. 日本航空全貌／李拯之编著

该书共分为日本航空发达史、赴日本航空现况、日本之航空教育、日本之航空工业及附录五篇，附录中包括日本递信省航空局编制表，日本东京帝国大学航空研究所组织及业务系统表，日本业务航空母舰及水上机母舰一览表，日满伪航空路线图，日本民间飞机场，日本航空标识地点，航空灯台、无线电台、气象观察所一览表等九种。目录后另有编著此书的参考文献，书名为毛邦初题写。该书较为全面地介绍了日本军事航空的发展情况，对于研究这一时期日本空军的发展情况以及中国空军的抗战情况具有重要的资料价值。

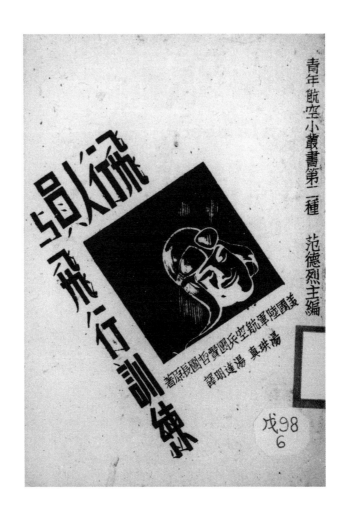

175. 飞行人员与飞行训练 ／ 费哲著，汤珙真、汤达明译

该书为"青年航空小丛书"第二种，作者费哲为美国陆军航空兵团团长。内容共由飞行人员、飞行训练两部分组成。

航空事业发展初期，飞行人员并无专门的航空资格认证，而随着航空技术的发展，渐次有了关于飞行人员的技术训练，并建立了考试制度。第一次世界大战爆发后，缘于民用驾驶员、军事航空家以及医生等方面共同推动早期航空飞行人员和飞行训练的标准化尝试，飞行人员的训练考核才得以进一步系统化。该书即介绍了有关飞行训练的发展历程。

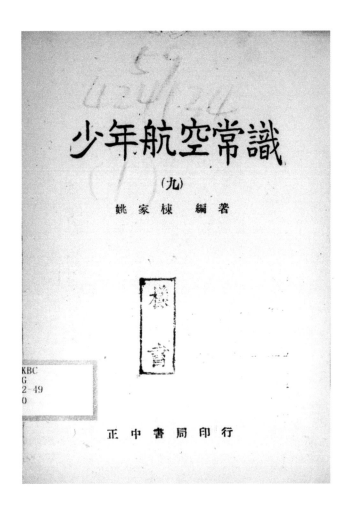

176. 少年航空常识／姚家栋编著

　　该书介绍了飞机的发展史、种类、原理、驾驶技术、作用,防空、各国的航空实力,航空事业中的优秀人物及其发明创造,为面向少年儿童的普及类读物,共计十册,由国民党官办机构组织出版。该书初版于 1941 年,1946 年有再版合订本一种。

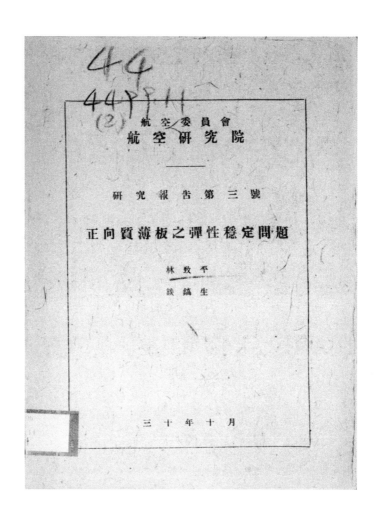

177. 正向质薄板之弹性稳定问题／林致平、谈镐生著

该书为航空委员会航空研究院研究报告第三号，内容为英文版，英文题名为 *Elastic stability of thin orthotropic plates under edge compression*，内容分为"Introduction""Diffrerntail Equation Of The Plate""Boundary Conditions""General Solution""Determination Of Characteristic Equations""The Critical Stresses""Illustratice Examples"七部分。有中文摘要，为该所材料力学研究论文，由成城出版社代印。该书聚焦于正向质薄板的边缘在承受压载时的弹性稳定现象，并对这一现象进行理论探讨。

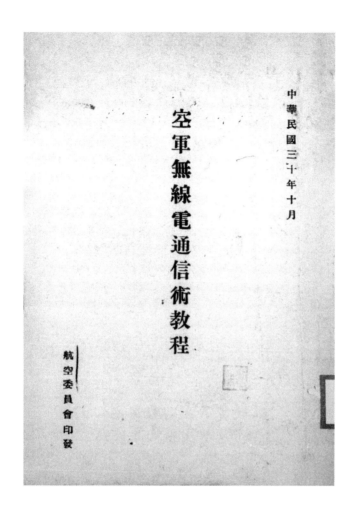

中華民國三十年十月

空軍無線電通信術教程

航空委員會印發

178.空军无线电通信术教程 /[航空委员会编]

该书共分为十章，主要内容为练习器之装置、通讯教室之装置、电码符号、收发练习、简语及简字、特殊信号、电报格式、密码、通信实施及通信员服务须知等，着重于无线收发技术的养成和通信手续的熟练。该书印有委员长蒋中正的"航空委员会令"，指定将该通讯术教程作为官士两校及通信员训练班的专用通讯术教材。

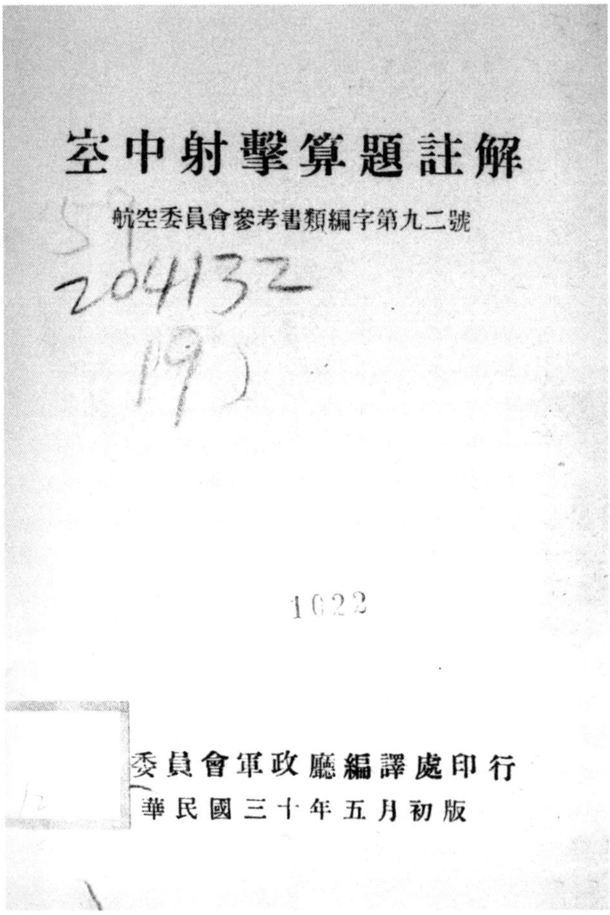

空中射擊算題註解

航空委員會參考書類編字第九二號

204132
19)

1022

委員會軍政廳編譯處印行
華民國三十年五月初版

179. 空中射击算题注解 ／ 邹希夷编译

该书为航空委员会参考书类编字第九二号，主要内容为空中射击相关的数学
算题讲解，介绍了空中射击时初速度变化、高低角、风力等对弹丸的影响，自飞
机向活动目标射击的计算，射击距离的测算，命中公算以及空中射击训练方法等。
附录包括三角函数表、应用照相枪测定射距离表等三种。

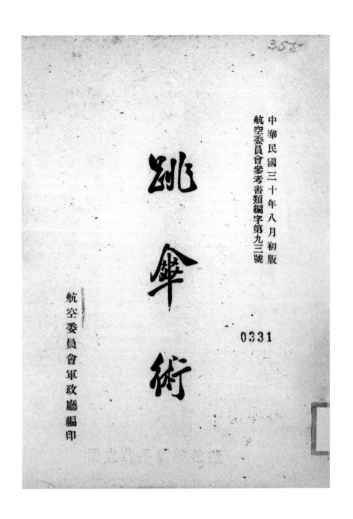

跳傘術

中華民國三十年八月初版
航空委員會參考書類編字第九三號

航空委員會軍政廳編印

0331

180. 跳伞术 / 杨浩祥译述

该书翻译自俄文书，全书共分为六章，主要介绍了跳伞术之简史、保险伞、跳伞基本原理、跳伞准备、高空跳伞等各类型跳伞情况、跳伞者之卫生及预防等。该书最后附有自我检讨问题五十个、跳伞者之座右铭两种。

第一次世界大战后期，许多国家的飞行人员几乎全部装备了救生伞，并依赖降落伞挽救了很多人的生命。到了 20 世纪 30 年代，苏联和德国、意大利等国组建了伞兵部队[1]。苏联非常重视跳伞运动，积极宣传和推动跳伞事业，将其作为国民动员的一项重要措施。

---

① 鲁越，许奎元主编. 体育规则实用全书：卷三 [M]. 北京：长征出版社，2003：180.

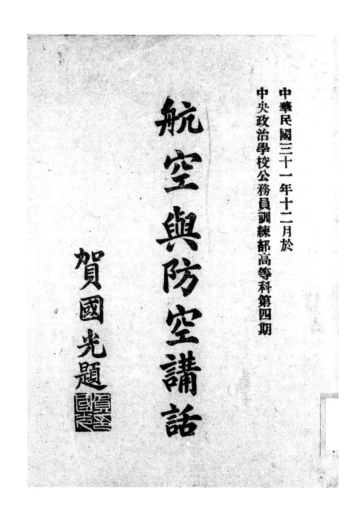

181. 航空与防空讲话 /[著者不详]

该书为中央政治学校公务员训练部高等科第四期的讲话内容。该书共分为两部分，主要介绍了侦察机、驱逐机、轰炸机等航空飞机种类及空军战略战术等有关航空知识，都市防空、各种防空方法等防空知识。封面印有"中华民国三十一年十二月于中央政治学校公务员训练部高等科第四期"字样。

该书认为航空愈发达，防空愈重要，无防空则不能谈国防。航空事业的发展导致战争方式的变化，每一个国民都应当有防空的基本常识，尤其公务员对于防空应当有更加深刻的了解和认识。该书为作者在陆军大学学习及平时所见所闻和抗战以来主持战时陪都防空业务的经验教训基础上，加以研究总结，提出的报告。

182.航空医学文献丛集／张祖德编著，郭致文审定

该书为"航医参考丛书"第六种，全书共分为十篇，内容主要介绍了航空医学史（包括年鉴）、高空作用之研究（静的研究）、加速度作用之研究（动的研究）、航空生理学的研究、航空心理学的研究、飞行体验与飞行体能、感官试验、降落伞生理之研究、飞行失事之生理问题的研究等，附欧美航空杂志一览。全书内容除标题外均为英文。

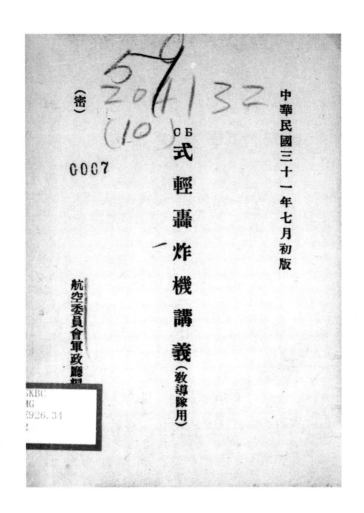

183.CB 式轻轰炸机讲义 ／[著者不详]

　　该书体量不大，仅十二页内容，主要介绍了 CB 式轻轰炸机的一般特征、尺度参数、范围角度、滑油箱、水箱、可载炸弹量、机关枪子弹载量、载重量、一般性能及构造等。讲义内容比较简略。书末有华祖汉小志："本讲义节目遵照系俄顾问教育计划而采定，内容亦系俄籍教官费松君所授，本人仅于课堂转授。"按照书末小志的说明，由于 CB 式轻轰炸机多有改进，详情不知，因此，该讲义作为授课内容尚有欠缺，不足为参考。

184．卢氏轰炸战术 /［法］卢日隆原著，葛世昌编译

该书共分为两编，第一编为轰炸与驱逐，主要介绍了兵器及技术，包括空战、空中会战之空速、武器装备、驱逐与轰炸之交战等；第二编为轰炸空军与对空炮兵，主要介绍了战术及战略思想，包括对空防御之火器、空中炮击、技术上所予空战之关系、对炮兵之回避元行、对防御之回避元行等。

该书作者极力推崇卢氏轰炸战法，并将其与杜黑倡导的制空权理论作比较，认为杜黑的理论不值一提。该书虽为原著翻译本，但作者也表明仅翻译了四分之一的内容，便予以印制发行。

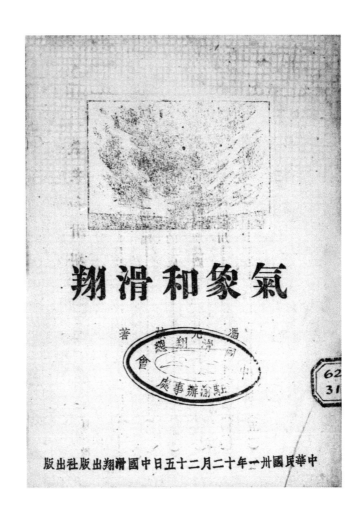

氣象和滑翔

著 馮元楨

版出社版出翔滑國中日五十二月二十年一卅國民華中

185. 气象和滑翔 / 冯元桢著

该书共分为六章内容，主要介绍了气象和滑翔的关系，包括空气动力和滑翔、风的结构、垂直气流的强度、滑翔方面的应用等。

气象学研究的基本内容是：首先探讨大气的一般特征，如大气的组成、范围、结构和密度等；其次研究导致大气现象发生发展的能量来源、性质及其转换；再次研究大气现象的本质，从而能够解释大气现象，寻求控制其发生发展的规律；最后探讨如何用这些规律来改造自然，使之造福于人类[1]。该书主要研究气象对滑翔方面的气象学作用及其应用。

---

[1] 李铁映，林声主编. 科技入门 [M]. 沈阳：辽宁科学技术出版社，1983：121.

186. 滑翔园地合订本 ∕ [中国滑翔出版社编]

　　该书总共四辑，收录了天马、柏实义、李寿同等人所写的《滑翔机为何会飞？》《人力飞行》《滑翔与航空工程》《滑翔史话》《北碚滑翔场落成记》等四十余篇文章，内容涉及滑翔技术、制造工程、航空学等知识。国图藏有该书合订本第一集，主要介绍了滑翔与飘翔、水上滑翔机、飘翔机的着陆、动力机与滑翔机以及初级滑翔机的保养等。此外，国图还藏有该书 1942 年版本的缩微文献。

187. 滑翔驾驶初步教程 ／ 王亚梅编著

该书由苏联国防航空化学建设协会出版，于 1940 年印行，通令各分会将其用于拖曳起飞滑翔机的初步教学。该书课目以学习地面、空中的各种动作及起飞为主，主要作为初学滑翔者的参考学习之用。

全书共分为三章五节，主要介绍了滑翔机操作要领、YZ–9 滑翔机之技术、拖曳起飞至部署等内容，每一课目均对理论与飞行技术循序渐进进行讲解。书末附有飞行理论纲要等内容，特别对飞行理论、空气成分、滑翔机结构之原理、气流与机身阻力的关系等给予较为详细解读。

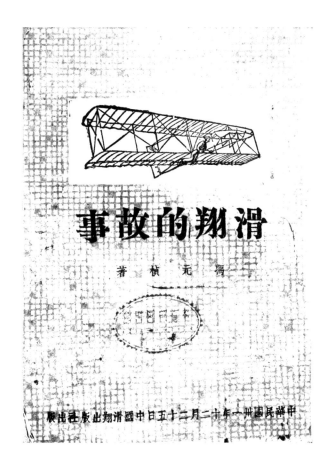

188. 滑翔的故事 ／ 冯元桢著，王复旦编辑

冯元桢，力学家，1919 年 9 月 15 日生于中国江苏省武进县，毕业于中央大学航空系，1948 年在美国加利福尼亚理工学院获博士学位，以后即在该校工作，1959 年起任教授，1966 年起任加利福尼亚大学圣迭戈分校教授。在 1952~1963 年间，他还先后兼任美国一些航空公司顾问。由于在气动弹性力学和生物力学方面的研究成就，他曾多次获奖。他是美国国家工程科学院院士，并任美国生物医学工程学会主席。他多次返回中国，推动中国的生物力学研究工作 [1]。

该书为其早期的翻译作品，全书共包括十一个有关滑翔机发展的人物故事，包括《曙光的出现》《开来爵士的先驱工作》《罗伯力的险举》《文亨的设计》等，书中第十二节专门介绍了一战后滑翔机的发展情况。

---

[1] 本书编写组编.现代美国百科全书 [M].上海：东方出版中心，1998：420.

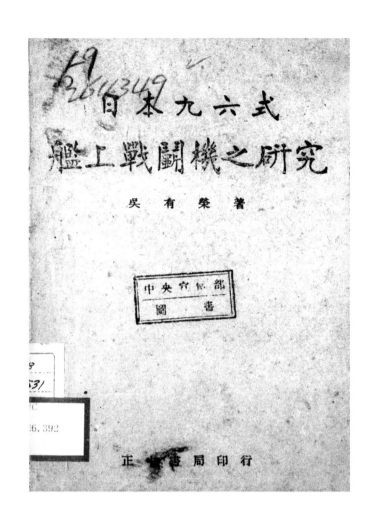

189. 日本九六式舰上战斗机之研究 ／ 吴有荣著

　　该书共分为三章内容，主要介绍了日本九六式舰上战斗机的构造、性能计算等。文末附有日本九七式陆上战斗机构造简述等内容。书前有王士倬序和著者序。

　　根据作者自序，日本九六式舰上战斗机为 1936 年设计，专以驱逐敌军的轰炸机及掩护日军轰炸机队。卢沟桥事变以来，日军侵华战争不断扩大，全面抗战已逾一年，但关于日本侵略者战机之构造及性能尚缺乏研究，作者因工作之缘，搜集资料写成此书，以供航空机械人员及关心航空者参考学习。

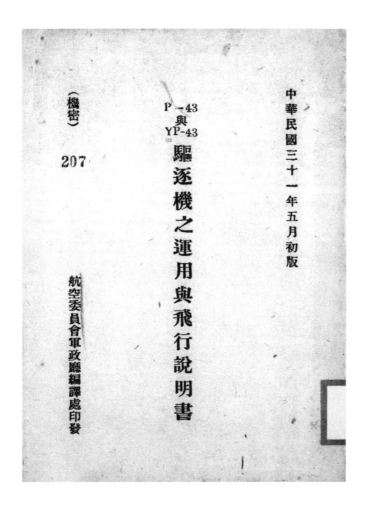

（機密）

207

P-43
與
YP-43

驅逐機之運用與飛行說明書

中華民國三十一年五月初版

航空委員會軍政廳編譯處印發

190.P–43 与 YP–43 驱逐机之运用与飞行说明书 ／［著者不详］

该书共包括引言与参考、总论、普通说明、特种说明、动力设备、飞行性能、重量表、曲线等八个章节，其中飞行性能和曲线两章有缺，书后有四分之三之全机左后方图、汽油系统图、汽油供给图、驾驶舱之各种装配与操纵图等。书口题名为"P–43 与 YP–43 驱逐机说明书"，目录页题名为"P–43 与 YP–43 式驱逐机之运用与飞行说明书"。有"机密"字样。

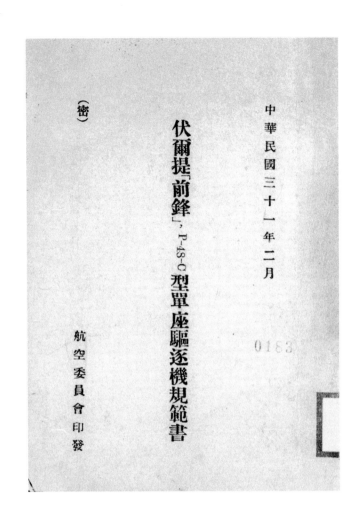

191. 伏尔提"前锋", P-48-C 型单座驱逐机规范书 ／ [著者不详]

该书共包括概说、各项保证及规定、规范及性能、一般说明、标准设备等五章，后附有最初两架飞机及其余各架飞机各种不同之特点、关于伏尔提前锋机之技术上资料、可以互相调换之各零件等三种。该书为航空委员会内部文献，题名页有"密"字样。

192. 航空学教程／中央陆军军官学校编

该书共分为三篇，主要介绍了航空器各部构造及性能概要、飞机使用法之要领和空军运用之概要。此外，国图还藏有中央陆军军官学校出版的赵天锡的德译本《航空学教程》、航空委员会军政厅编译处出版的陶鲁书编译的《日本航空学教程》等。

航空学是研究飞行器和与飞行器有关的科学。作为航空理论与航空工程实践等学科的总称，它包括的门类较多，如空气动力学、飞行力学、结构力学、航空发动机原理、飞机和发动机构造、航空材料、飞机和发动机制造工艺、航空电子学、飞行控制理论等[1]，是一门综合性学科。该书正文书名为"民国三十一年改订航空学教程"。

---

[1] 李昕编著. 青少年课外知识全知道 [M]. 北京：中国华侨出版社，2015：317.

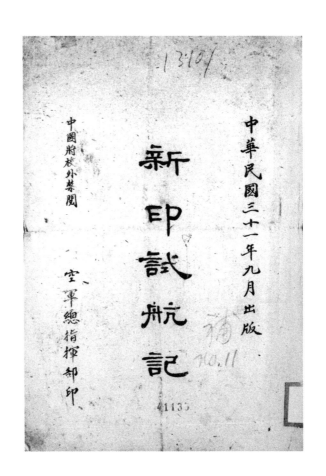

193. 新印试航记 / [空军总指挥部编]

　　该书由当时中国空军总指挥部印行，以供中国空军将校作为研究资料。全书共分为六章，主要介绍了新疆印度航线试航之由来、试航之准备、第一次初航——自新疆莎车至印度新德里、第二次回航——由印度白沙瓦回新疆莎车、试航之检讨以及结论等。此外，附录有工作人员姓名表等内容。

　　新疆至印度航线的试航皆因二战期间日本入侵缅甸致使滇缅公路被截断，中国与同盟国间的战略物资运输受到限制，仅依靠印度至云南昆明的航线无法满足军需补给，因此开辟新航线成为当时非常迫切的要求。

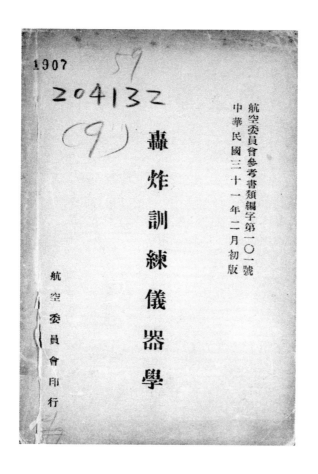

194. 轰炸训练仪器学／邹尚仁编译

轰炸训练通常按理论教育、地面练习和轰炸实施三步进行。理论教育是飞行人员在进入轰炸技能训练前，学习有关轰炸理论。地面练习是指在轰炸练习器或飞机座舱内实习轰炸瞄准动作、程序。轰炸实施是进行昼间、夜间，简单、复杂气象条件的轰炸技术战术训练[①]。

该书共分八节内容，主要侧重轰炸训练仪器的介绍，包括轰炸训练仪器的使用及分类、固定式和移动式地面预习机、第二型和第三型训练镜、固定式万能视准仪等。根据弁言，该书系编者根据1939年苏联出版的《轰炸瞄准器》一书的部分内容编译而成，并且其中较为详尽地叙述了关于轰炸训练用仪器的构造和使用方法。封面印有"航空委员会参考书类编字第一〇一号"字样。

---

① 黄玉章等主编. 军队建设大辞典 [M]. 北京：华夏出版社，1994：423.

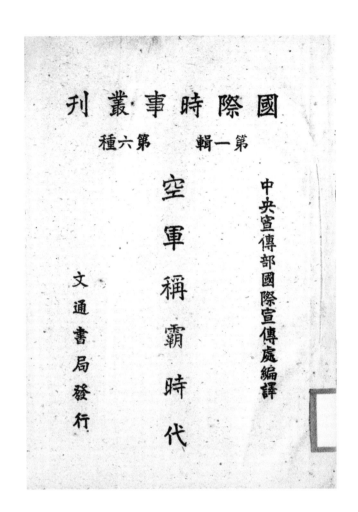

195. 空军称霸时代 /[美]塞凡斯基著，中央宣传部国际宣传处编译

该书为"国际时事丛刊"第一辑第六种，总共分为三个部分，包括《空军称霸时代》《海军的没落》《驳林白的谬论》三篇文章。书前有编者的弁言，编者非常推崇塞凡斯基有关"大空军"和"攻势空军"理论，认为当时美国具备建立两洋海军与空军的实力，并预言随着美国卷入战争，太平洋上将会爆发一场规模空前的歼灭战。

该书编译、出版时间点比较微妙，出版于1942年1月，太平洋战争爆发之后。原作者塞凡斯基的三篇文章则发表于太平洋战争爆发之前，其中《驳林白的谬论》和《海军的没落》发表于1941年5月和6月的《水星杂志》，《空军称霸时代》发表于1941年10月的《大西洋月刊》。塞凡斯基是当时美国孤立主义的坚决反对者。

196. 飞机模型运动专辑／朱惠之编辑

该书共分为八章，主要介绍了飞机模型运动、苏联及德国的飞机模型普及和教育，以及飞机模型的制造等内容。该书为渝初版，是中国滑翔出版社增刊第一辑，封面印有"中华民国三十年十二月十二日出版"。

飞机模型主要分为滑翔机、胶绳动力机和汽油动力机三类。通过飞机模型运动，可以较为全面地了解航空知识和进行技术上的训练，了解飞行原理、制造程序及工业原料、气象知识等，是进行国民航空教育的重要途径。

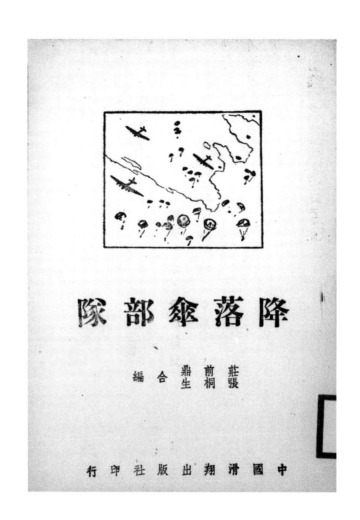

197. 降落伞部队／庄前鼎、张桐生合编

该书共分为四章，主要介绍了伞兵的历史、近代战争中的伞兵、伞兵的训练、跳伞运动等内容。

编者认为，战争不但因兵器的进步、飞机的发明，变成了立体化，也促使参战士兵由阵地战走向了立体化的空中突击战，战争不再有前方和后方的分别。因此，人民必须进行战斗训练，才能够应付到来的战争，从而实现保家卫国。当时中国已经建立了滑翔总队，并在各地建立分会，在全国推进滑翔运动，使之成为军事航空的组成部分。

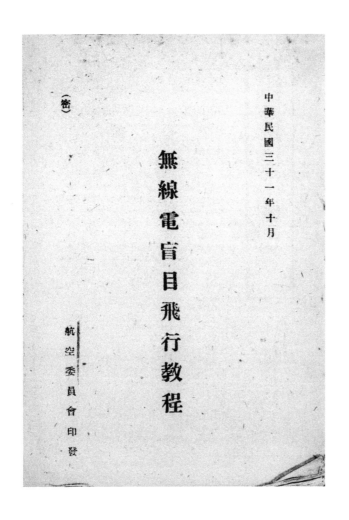

198. 无线电盲目飞行教程 ／[航空委员会编]

该书共十四章，包括导言、盲目飞行仪器及其运用法简述、盲目飞行实际训练法、盲目长途飞行之准备及实施要领、无线电航行原理概述、无线电定向电台之组成、定向误差及测知法、定向法之分类及比较、定向之应用、无线电航行的实施、冲出云层法、无线电导航 ZZ 信号着陆法、定向应用实例、长距离定向角之校正。

该书书前有航空委员会令（改编壬字第 40 号），书末附 Q 简语、气压单位对照表等八项。因"排印不慎，错误殊多"的缘故，书后另附有勘误表。

199. 防航空学摘要 ／[著者不详]

该书分上下两册，上册为《航空学摘要》，下册为《防空学摘要》。《航空学摘要》分六章，介绍世界航空之沿革、中国航空之沿革、航空规约之一般、飞机队性能及任务之运用要领、降落伞部队之编组及运用法、陆海空协同与空军独立作战等。《防空学摘要》分四篇，分别是防空总论、防空兵器之种类及使用要领、防空监视及管制之实施要领、都市防空之要领等。下册附录为落下伞部队战斗法。该书是日伪出版物，由伪中央陆军将校训练团印发。

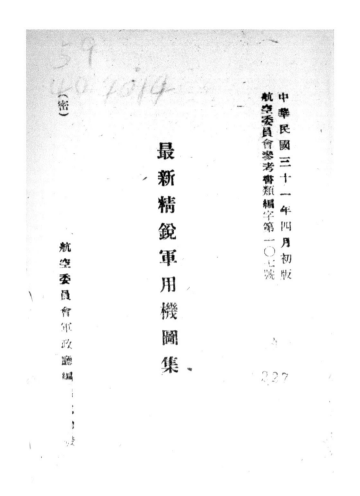

200. 最新精锐军用机图集 ／ 李登梅、周惠宗编绘

　　该书内容包括英、美、德、法、意等国 1940 年所用精锐军用机共四十种。该书封面印有"航空委员会参考书类编字第一〇七号"。1940 年，第二次世界大战激战正酣，参战强国的新式飞机层出不穷，因此航空委员会军政厅编译处编写了该书，并计划此后每年编出一本介绍该年度的新机型。编者重点介绍了每种飞机的机型、尺寸、总重、性能、发动机、武器等，且将全机透视图、三面图、剖面图都按比例尺绘制。因信息不足，该书关于苏联及日本的新式飞机的图样和性能暂缺，拟下一年度补充。

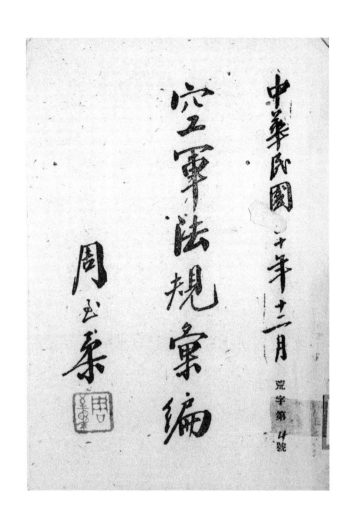

201．空军法规汇编．第三编／航空委员会编

　　该书所收法规截止到 1941 年 12 月底。总分为十一类，包括军务、防空、教育、技术、人事、军法、经理、会计、卫生、政训、文书，共一百七十九种。国家图书馆藏航空委员会整理出版的《空军法规汇编》（三编），该书为其中第三编，其余各编已有述及。

202.飞机 ／ 赵璧编译

　　该书包括飞机的发明、飞机在文化上的使命、飞机构造概况、航空学、飞行术、军用机和民用机、各国空军的现状和趋势、关于伞兵、轰炸交响曲等九章内容。该书为"战事知识丛书"的第三种。作者另编译有《军舰》《关于科学》《德意志一瞥》《日耳曼妇女》等普及类读物。

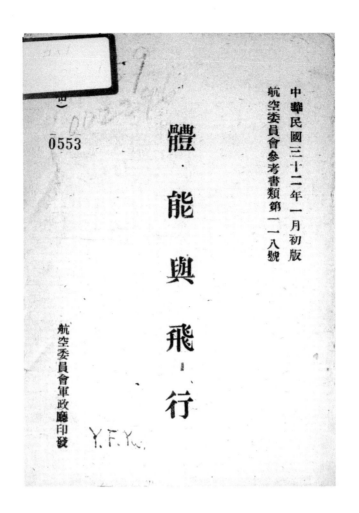

203. 体能与飞行 ／ 方怀时著

该书共包括体能测验和体格训练两部分内容，主要介绍了航空兵的身体素质和身体训练，为航空委员会航空医官训练班教材，书中有"航空委员会参考书类第一一八号"字样。

作者方怀时，1914 年 11 月出生，浙江嘉兴人。我国的航空医学教育始于1932 年 9 月，中国空军为适应空军卫生工作需要，在中央航空学校组建了训练航空医官的机构——航空医官训练班，英文名称为 Institute of Aviation Medicine。自 1932 年起，1948 年止，该训练班共举办二十六期，当时结业的航空医官共二百四十八名[1]，为中国航空事业的发展输送了大量优秀人才。

---

① 郭国明. 中国航空航天医学教育的现状 [J]. 中华航空航天医学杂志，2000（11）.

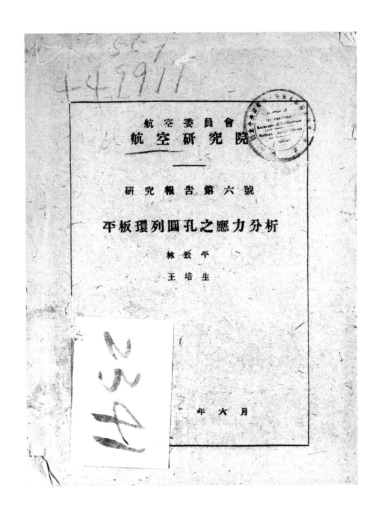

204. 平板环列圆孔之应力分析／林致平、王培生著

该报告共分四章，主要内容为穿有多个面孔的平板、其圆孔列成环形、平板四周受引力时的应力分析等。

抗战期间，中国科技期刊编辑出版收到严重挫折和打击，但大量科技工作者仍在开展科技研究及科技文献的出版工作。该报告为航空委员会航空研究院研究报告第六号，正文为英文，英文题名为 *Stresses In A Perforated Plate Containing A Ring Of Circular Holes*，有中文摘要及附录。

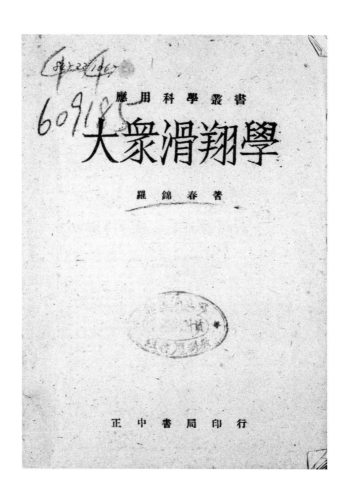

205. 大众滑翔学 / 罗锦春著

该书包括滑翔历史的演进、滑翔气流与原理、滑翔机泛论、滑翔的设计原则、滑翔的园地、滑翔驾驶员的训练、滑翔教练机的建造方法、高级滑翔机的建造法则、构造滑翔机的材料、滑翔机的动力概念等十章内容。国图另藏有该书 1945 年的沪一版。该书是"应用科学丛书"之一。

1934 年春，为了适应空军发展的需要，白崇禧的桂系军阀成立了广西航空学校，航校成立前，桂系培养自己的航空人员主要是送出去，最早是考送马健民、谢超、罗锦春、李德生等四人到英国学习航空机械[1]。作者罗锦春（1906.9 ~ 1986.5.9）毕业于英国曼彻斯特工学院航空机械专业，其编成的该书为国内滑翔科技教学的重要参考书。

---

[1] 时平. 桂系空军发展史略 [J]. 军事历史研究，1993（12）.

206．滑翔手册／陶鲁书编著

该书包括滑翔机的史略、滑翔常识、各国滑翔界、滑翔机现在的地位及将来的展望等四章内容。该书为"国民航空教育丛书"之一。抗战期间，救亡图存成为20世纪三四十年代中国占支配地位的政治语境，知识界纷纷把建设强大的国防视为立国之本。该书著者陶鲁书尤其强调制空权的重要性，他在书中强调道："空军和地面部队在完全不受敌空军的攻击，或只受敌空军非常之有限的攻击状态下，能完全遂行其重要任务之谓。"

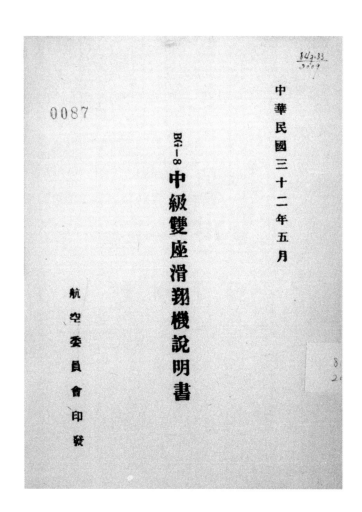

207.BG-8 中级双座滑翔机说明书 ／[航空委员会编]

该书包括概要、机翼、机身、尾翼、起落架、操纵系、仪表板、装配及拆运、维护及修理九章内容。

BG-8 中级双座滑翔机为双座高单翼支柱式中级教练滑翔机,由其先型之 BG-6、BG-7 单座机逐步改制而成。滑翔机是指不依靠动力装置飞行的重于空气的固定翼航空器,起飞后仅依靠空气作用于其升力面上的反作用力进行自由飞行。

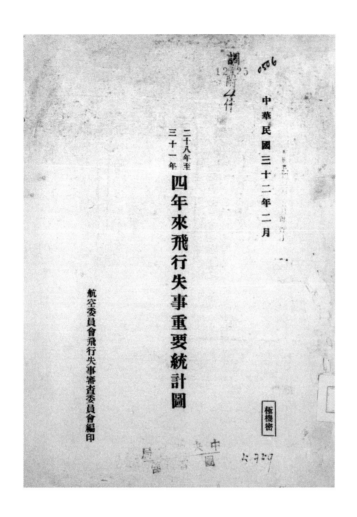

208. 二十八年至三十一年四年来飞行失事重要统计图／航空委员会飞行失事审查委员会编

该书内容包括说明及统计图八种，材料来自民国二十八年至三十一年（1939~1942），而民国二十七年（1938）以前的案卷，在航空委员会飞行失事审查委员会迁川时在桂林被毁，已无从查找。

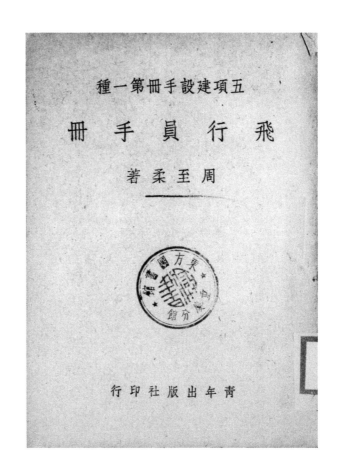

209.飞行员手册／周至柔著

　　该书包括总论、我国航空的过去现在及将来、青年与空军、中国飞行员应具备的条件、投考须知、飞行员的教育概况等六章内容，后附结论一章。国图另藏有该书 1946 年再版本。

　　该书为国民政府规划编写的五项建设手册第一种，其他四项分别是胡叔异编写的《国民学校教师手册》、黄奋生编写的《边疆屯垦员手册》、杨家瑜编写的《工程人员手册》和李宗黄编写的《地方自治工作人员手册》。该书内容涉及飞行员的品德、锻炼、文化、航空史知识等，为当时飞行员的必读手册。

210. 飞行第一小时 / 志云编译

该书是"小小丛书"第一种，书中讲述了飞行一小时的感受和有关航空知识。

抗战爆发之前，我国的出版机构和出版物主要集中于以上海为中心的东部沿海城市，据统计，1936年，上海的商务印书馆、中华书局、世界书局"三家出版图书6717册，占全国出版9438册的71.16%"。抗战爆发之后，全国的出版中心西移。1942~1943年，重庆出版业盛极一时，薛光前著的《交通行政研究》、万迪鹤著的《抗战与运输》、朱子爽主编的《中国国民党交通政策》等都在此地出版。桂林、昆明、成都等地虽没有重庆出版的数量多，但也是抗战后期交通图书出版的重镇，如李谟炽编译的《公路词汇》在昆明出版和该书在桂林出版，以及成都的铁风出版社出版了系列航空知识书籍[①]。

---

① 杨向昆. 抗战时期交通图书编纂论析 [J]. 编辑之友，2018（8）.

211. 航空／裘宏达编著

该书包括航空机的沿革和发展、航空机的种类、飞机的种类与构造、航空发动机和螺旋桨、飞机的附属设备、军用飞机的种类、性能和兵器、飞机的平时用途、航空机的飞行原理、航空事业的展望、飞机空袭的防御等十一章内容。国图另藏有该书1946年版本。

该书为"童子军小丛书"，以中学童子军、教练员和一般民众为对象，1937年5月初版，1943年3月渝初版，1946年12月为沪一版。

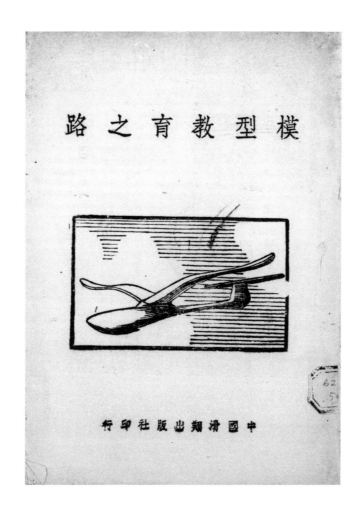

212. 模型教育之路 ／ 周锦前等著

该书包括引言、各国模型热、模型教育之路、几个连带解决的问题四章内容，书末附比赛获胜的方法。该书为"航空模型丛书"第二册。

抗战时期，国民政府也曾举办过一些体育运动及比赛。1943~1944 年间，国民政府当局举行了多次航空模型比赛。1943 年 8 月举办了航空模型飞行竞赛，1944 年 4 月举行了渝蓉埠际航模竞赛，竞赛情况当时也多有报载。开赛前，周至柔曾向四十余参与竞赛及两千余到场之青年儿童说明竞赛意义，他认为，如要建设中国的空军，必须使全国青年人人参加滑翔运动，全国儿童人人能够制造航空模型，青年儿童受到这种航空教育，中国空军才能建设起来。

213. 航空模型为什么会飞 / 史超礼著

该书包括开场白、几个古怪名词、航空模型的原动力、大气的性质、翼切面和其他、举力的秘密、飞行的敌人——阻力、空中安定性、尾声等九章内容，为"航空模型丛书"第一册。

抗战爆发前，航空业和认识到航空重要性的人士尽力呼吁重视军备、重视发展航空，让民众认识到战争迫近的危机。随着抗日战争爆发，敌我双方都进行了大量的空中作战行动，民国国防教育的内容之一也有防空，飞机和航空对于一般民众已经不像过去那么陌生了，因此，很多作者开始介绍更加具体的航空趣闻和知识，史超礼便是其中之一。

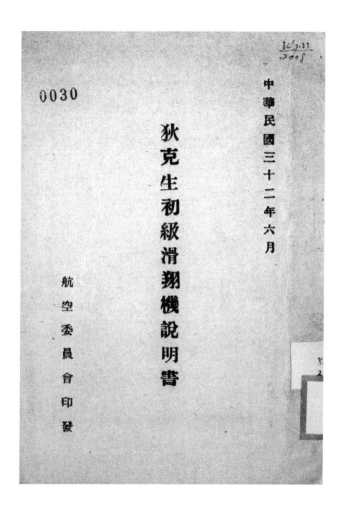

214. 狄克生初级滑翔机说明书 ／[航空委员会编]

该书包括概要、机翼、机身、尾翼、操纵系、装配与拆运、维护与修理等七章内容。

滑翔机是指不依靠动力装置飞行的重于空气的固定翼航空器，起飞后仅依靠空气作用于其升力面上的反作用力进行自由飞行。狄克生（Dickson）初级滑翔机为初步学习滑翔者练习滑翔所用，曾被国民政府航空飞行制造厂仿制生产。

215. 大气和航空 / 郑贞文、胡嘉诏、江铁编辑

该书包括包围地球的大气、其他天体上的大气、航空三部分内容，也分析了气象因素对于航空的影响。该书为"少年自然科学丛书"第十一编。

郑贞文，福建长乐人，在商务印书馆编译所任职前后十三年 (1918.8~1932.1)，在理科教科书和参考书的编著上贡献颇多，对我国近现代科学教育事业的发展起过促进作用。在教学参考书和配合教学的学生课外读物方面，郑贞文编著、译述有《燃烧和碳素》《比及比例》《二次方程式》《百分算及利息算》《直线及平面》《电磁电机无线电》《有机化学概要》《大气和航空》《动物和虫》《植物的发和茎》等书籍，这些课外读物文字浅明、生动有趣，不仅助于教师讲授，也对开拓学生的知识面有积极作用[1]。

---

[1] 谢振声. 郑贞文先生与商务印书馆 [J]. 编辑学刊，1989（12）.

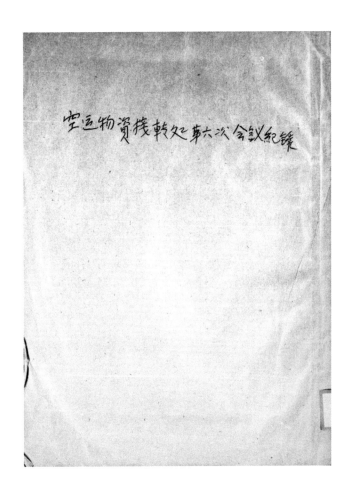

216. 空运物资接转处第六次会议纪录／[空运物资接转处编]

该书包括出席人员、主席报告、叶副总站长报告、兵工署王代表报告、液委会俞主任报告、讨论并决议事项等内容。会议地点为滇缅公路运输局第一运输段会议室。该书为油印本，手写体，出版时间取自于会议召开时间。

太平洋战争爆发后，中印缅战场成为世界反法西斯的东方主要基地之一。缅甸地处太平洋和欧洲战场的连接部，连接中缅之间的滇缅线成为具有全球战略意义的国际交通线，是第二次世界大战双方争夺的焦点之一。滇缅国际交通线不仅是中国抗战的输血线，更是世界反法西斯国家缓解压力的生命线[①]。

① 向倩. 日军对滇缅国际交通线的"封锁轰炸"及国民政府的应对 [J]. 重庆交通大学学报，2018（6）.

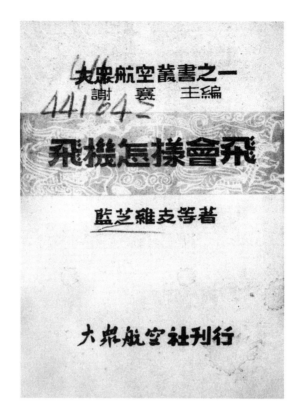

217.飞机怎样会飞 / 蓝芝维支等著，西原等译

　　该书为谢襄主编的"大众航空丛书"之一。除序外，全书分为三辑，共收录二十九篇短文，如《四个大力士》《飞机的头——发动机》《空气的性质》等。

　　该书主要向读者介绍了飞机与飞行是怎样一回事。第一辑介绍了飞机的大概轮廓，第二辑介绍关于飞机的动力知识，第三辑是飞行与自然"斗争"的一些问题。

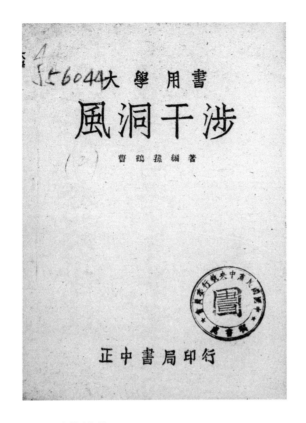

218. 风洞干涉／曹鹤荪编著

该书介绍了空气动力学风洞试验，计算风洞中的阻力系数，全书包括总论、长方形风洞之干涉、圆形及椭圆形风洞之干涉、任意形状风洞之干涉、干涉因数与风洞式样及与模型置放方向之关系、风洞与螺旋桨等六章内容。书末附参考书目及索引，是大学教材用书。国图另藏有该书 1947 年沪一版。

曹鹤荪，我国著名的航空航天教育家、空气动力学家，长期从事高等教育和空气动力学、弹性塑性力学等方面的科学研究工作，是国内公认的力学权威之一。空气动力学重点研究飞行器的飞行原理，是航空航天技术最重要的基础理论之一。气动弹性力学是研究空气动力与飞行器结构弹性变形相互作用及其对飞行影响的学科。曹鹤荪在这些领域的研究和教学中，表现出特有的预见性和敏锐的洞察力，取得了丰硕的科研成果，多个项目填补国内空白。他著有《风洞干涉》《流体力学》等专著和教材，发表高水平学术论文数十篇，并荣获何梁何利基金科学与技术进步奖[1]。该书系作者在重庆交通大学任教时编著。

---

[1] 徐华根. 杰出的空气动力学家：曹鹤荪 [J]. 湖南文史，2003（4）.

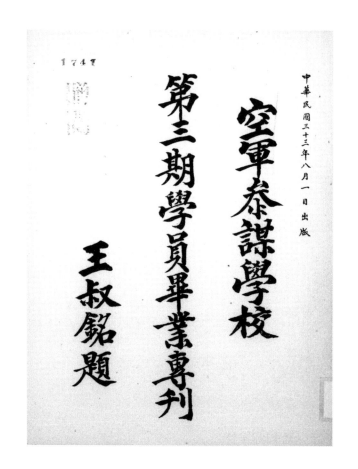

219. 空军参谋学校第三期学员毕业专刊／空军参谋学校月刊编辑委员会编辑

该书收录有蒋中正委员长、何应钦参谋总长，以及主任、教育长、英国空军教官团团长柏鼎生少将等人的训示、致辞等，以及《参谋学校第三期教育之回顾》《迷航研究》《夜间轰炸之研究》《空机时代中国国防之路》《美国空军之训练》《由战史观察研究军之追击》《战后我国海防与海岸航空队》《第三期学员生活》等多篇文章。

全面抗战爆发后，中央航空学校改名为空军军官学校，相继增设了空军参谋学校、空军幼年学校和空军通信学校，以应空军建设人才之需。据航空委员会1945年的统计数字，空军参谋学校以参谋养成教育或参谋补习教育为主，培养空军军官 475 人[①]，为中国空军输送了大量人才。

---

① 古琳晖 . 全面抗战时期中国空军建设述评 [J]. 军事历史研究，2009（6）.

220. 苏联的跳伞与滑翔运动／[苏]卫·毛希科夫斯基（Ｖ.Moshkovsky）原著，锺斌译

　　跳伞运动类分三章，介绍苏联的跳伞与滑翔运动、最近几年的飞行成绩以及民用航空的发展。书前有白崇禧"突飞猛晋"、余汉谋"空防圭臬"、蒋光鼐"迎头赶上"、李汉魂"可资借镜"、刘佐人"奋勇迈进"、李章达"体大思精"等题词，李济深为此书作序。作者毛希科夫斯基少校是莫斯科空中运动部主任，曾获得列宁勋章。

航空委員會
航空研究院

研究報告第八號
新型蒙布張力測定器

林致平
談鎬生 李迪強

三十三年四月

221. 新型蒙布张力测定器 ／ 林致平等著

该书属于航空委员会航空研究院研究报告的航空器类。

该书为航空委员会航空研究院研究报告第八号，内容共分为引论、同轴环法之理论、同轴环法之应用、测定器之设计、尾论五部分，附录有节译英国标准规范有关之条文一种。

飞行材料试验中，通常需对蒙布张力进行测定，用来试验蒙布对于涂布油的性质以及涂布油对于张力的性质。当时，普遍采用英国标准规范的测定蒙布张力法，但所需附件较多，且另需推算，作者另辟蹊径，创制量度蒙布张力的同轴环法，进行试验，并与之前通用方法进行比较。

航空委員會
航空研究院

研究報告第九號
多孔長條之應力分析

林致平
王培生 荊廣生

三十三年一月

222. 多孔长条之应力分析／林致平等著

该书为航空委员会航空研究院研究报告第九号，英文题名为*Stresses in a perforated strip containing a series of circular holes under tension*，内容共分为"Introduction""General solution of the problem""Numerical examples"三部分，后有附件"Elliptic harmonic functions""Tables of coefficients"，全书为英文本，书前有中文引言。

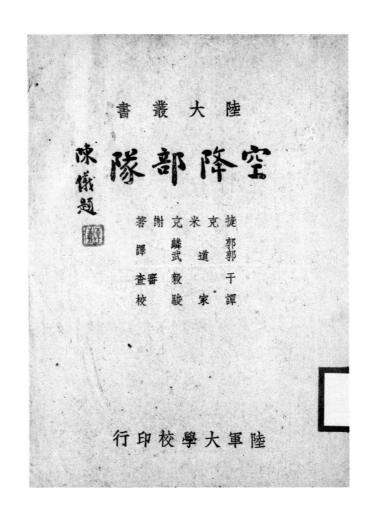

223. 空降部队 /[捷克]米克谢著，郭麟、郭道武译

该书共分为十一章，包括空降观念之发展、低地国家中之空降部队、巴尔干战役及克里特岛、空降部队之战术运用、降落、空降师、空中运动、降落阵地等，附录有军事注释和图表说明两种，书中收录有挪威邓宝斯（Dombos）车站之战斗、低地国家中之空降部队、比国境内埃奔埃墨尔炮台（Eben Emael）之战斗、希腊南部哥林斯桥梁（Carinth Bridge）之战斗、克里特岛战役中之航程、克里特岛战役中之初期配备等二十八幅图表。该书为"陆大丛书"之一，书前有军事评论家李德哈上尉序与著者自序。著者米科谢为服役于法国军队的捷克军官。

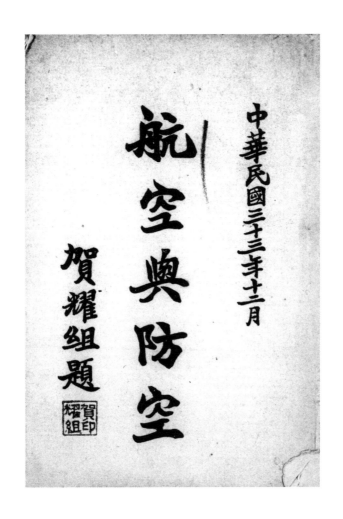

224. 航空与防空 / [著者不详]

该书内容分为航空、防空甲乙两编。航空编包括杜黑主义与卢氏理论、航空机之种类及其任务、空战目的与空军之战略战术战斗、敌国航空概况、美国之航空工业、我国之航空建设等八章，防空编包括防空之特质与要领、都市防空之配备与战斗法、积极防空、防空情报、消极防空、重庆防空概况、我国之防空建设等七章。书后附勘误表。书名由贺耀祖题写。

作者认为，航空建设是国家发展的重要组成部分，国家的建设需要有两个基本条件：其一，科学发达是发展一切建设事业的前提；其二，一切建设事业都以矿业和机械工业为基础。对于航空建设而言，以上两个条件尤为必要。此外，政府的规划与培养优秀的人才也是航空事业发展的重要推动力。

航空氣象學概要

空軍通信學校編印

225. 航空气象学概要／戚启勋编

该书包括大气之性质、直接影响飞行之气象因子、天气之变化、天气预告、本军气象报告之种类内容与传递等五章内容。

航空气象学为应用气象学之一种，以有关飞行之气象知识为研究对象，目的在避免飞机与驾驶员因气象恶劣而受到损害，战时则更可增强空军活动之效能，发挥威力。该书所论以普通气象学为梗概，但仍偏重于航空气象，故命名《航空气象学概要》。

館刊第一號　單行本

空中怪物航研長距離機

北平近代科學圖書館

226.空中怪物航研长距离机 ／[日]中正夫著

该书主要介绍日本设计制作长距离飞行机的情况，为北平近代科学图书馆馆刊第一号单行本，内容包括大鹏的出巢、优秀的构造、果能打破记录么、可以刮目的性能等四部分。1938 年，由藤田雄藏、高桥福次郎驾驶的航研长距离机从木更津出发，用时六十二小时二十二分四十九秒，飞行一万一千六百五十一千米，打破了世界纪录①。

---

① 木村秀政监修．航空宇宙辞典 [M]．地人书馆，1983：709.

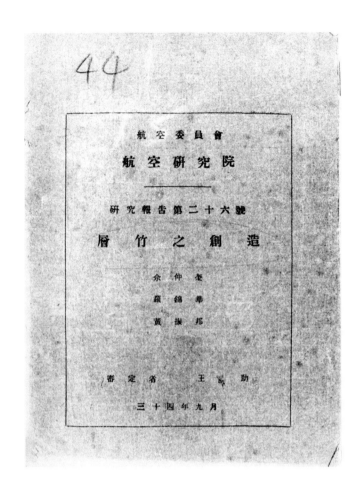

227. 层竹之创造 ／ 余仲奎等著，王助审定

　　该书为航空委员会航空研究院研究报告第二十六号，主要包括层竹之制造、层竹之特性、层竹与曝晒试验及其强度变化、结论等五部分内容。

　　层竹是由多张单竹用胶粘合的薄板，主要用于飞机的制造。我国西南地区竹资源丰富，竹材坚韧，繁殖较快，航空研究院的研究人员想到，如果竹材能够用于航空器材，岂不价廉物美？ 1940 年春，即航空研究所成立的第二年，研究人员在成都市内选购了慈竹、楠竹、斑竹和刚竹等四种竹子，做抗张强度的试验，得到的结果令人鼓舞，因此决定进行竹材性质的系统研究。在竹制器材研制方面，发表研究报告两篇，一篇为该书，另一篇为《竹质飞机外挂汽油箱》（航空研究院研究报告第三十三号）[1]。

---

[1] 傅海辉. 抗战时期空军航空研究院科研工作之研究 [D]. 上海交通大学，2015.

228. 火箭学 /［英］菲尔帕（C. G. Philp）著，吴忠葵译

该书为青年文库之一种，内容主要包括导言、历史检讨、推进原理、速度原理、空间原理、同温层、飞机飞行的限度、爆发药、火箭燃料、原子能量、反作用马达通论、反作用马达的实际、人类第一次火箭飞行的成功、战时火箭、柏林到纽约——一个钟头、结论等十六章，以及第二部星际旅行、第二部"续"空间飞行的种种障碍等内容。

该书书名原文为 *Stratosphere And Rocket Flight*。该书为英国第一部关于空间飞行学的论著，内容简要、深入浅出，在英国本土曾产生极大影响。

229. 飞机木质翼梁之设计 / 林致平、王培生著

该书为航空委员会航空研究院研究报告第十八号,主要包括引言、匣梁分析、匣梁设计等三章十节内容,以及重要标注、匣梁试验和参考文献等三项附录。

航空研究院除了围绕空军作战开展技术研发以外,还进行了基本理论的研究。这主要集中在材料力学、弹性力学、空气动力学、结构力学等领域。1940 年至 1945 年,身为结构组组长的林致平为航空研究院撰写了十篇论文,其中独立作者论文一篇(即技术报告第一号《偏心圆管之扭力问题》,前文已有述及),第一作者论文九篇。在此期间航空研究院共产出研究报告三十四篇,林致平的论文占了将近 30%[①]。

---

① 傅海辉. 抗战时期空军航空研究院科研工作之研究 [D]. 上海交通大学,2015.

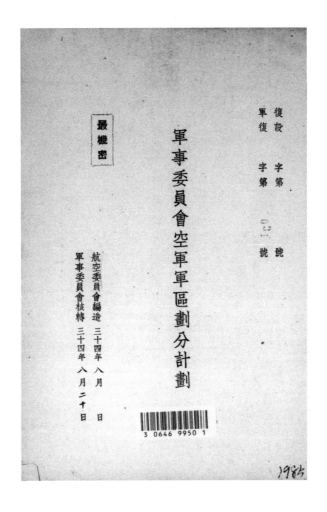

230. 军事委员会空军军区划分计划／航空委员会编

该书内容包括一般情况之调查、复员前准备事项、复员时实施事项，以及航空委员会各路司令部及军区指挥部区分要图、空军各路司令部编制及现有人数比较表、复员后空军军区划分要图、复员时所需人力估计表、复员时所需经费估计表等附件。封面印有"最机密"字样。

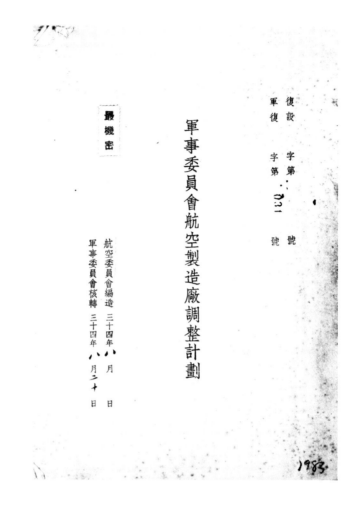

軍事委員會航空製造廠調整計劃

最機密

復設 字第 號
軍復 字第 ○31 號

航空委員會編造 三十四年 八月 日
軍事委員會核轉 三十四年 八月二十日

1983.

231. 军事委员会航空制造厂调整计划／航空委员会编

该书内容包括一般情况之调查、复员前应准备事项、复员时实施事项，以及各制造厂复员时所需经费估计表、接收敌伪工厂及技术员工所需基干人数及训练经费估算表、接收敌伪工厂及技术员工所需旅费及运费估计表、东北敌伪航空工业调查概况表、航空工业计划制造基干人员训练工作进度表（预计）等十一个附件。封面印有"最机密"，书口题名为"航空制造厂调整计划"，内容由"航空委员会编造"，"军事委员会核转"。

232. 正向质圆筒之弹性稳定问题 ／ 林致平、王培生、施以仁等著

该书为航空委员会航空研究院研究报告第十九号，主要研究飞机机体材料力学，内容包括引言、筒壳中面之应力及其平衡方程式、放射向位移波型与总蓄能、压应力与放射向位移波幅及圆筒端缩之关系、释例等五节内容以及标注、参考文献两个附件。

该报告发表于1945年6月，同为林致平研究报告的《飞机木质翼梁之设计》和《铆边平板之应力分析》发表于1945年2月，其著作速度之快，可见一斑。林致平作为中国航空科技史上的重要人物，为中国航空科技尤其国产航空科技研究做出了卓越贡献。

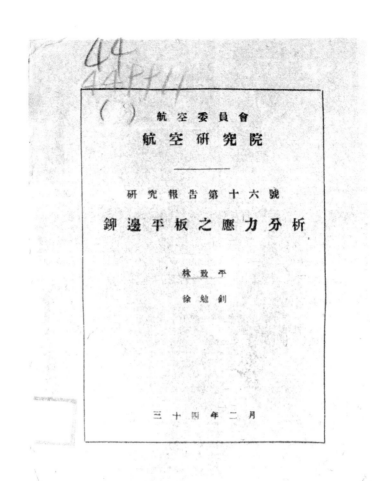

233.铆边平板之应力分析／林致平、徐勉钊著

　　该书英文名为 *Stresses In A Plate River—Joined Along One Edge*，内容包括五部分，分别为"Synopsis And Introduction""General Solution Of The Problem""The Limiting Gase""Validity Of The Solution""Numberical，Examples"，后有附件两种"A Class Of Periodic Harmonic Functions""Tabels Of Coefficients"。航空工程中所使用材料多为贵金属，所以在当时铆钉是连接航空器械各类构架零件及平板较为普遍的材料，该书聚焦于平板沿边如何通过铆钉连接的问题。该书为航空委员会航空研究院研究报告第十六号，为英文写作，书前有中文引言。

234. 航空生活／中国的空军出版社编辑

该书为"航空丛书"第一种，内容共分为三部分，收录有《和前线空军相处的日子》《奋战中的空军志航大队》《活跃湖南上空的空军第五大队》《空军参谋教育记详》《访问空军机械学校》《请随我侦炸汉口南京》《成功的愉快》等二十二篇文章。国图另藏有该书 1946 年再版版本。

该书属抗战文学，以浓墨重彩表现抗战正面战场，从前线战况到战局发展，再到空战细节，留下了关于航空抗战前线的一段珍贵民族记忆。

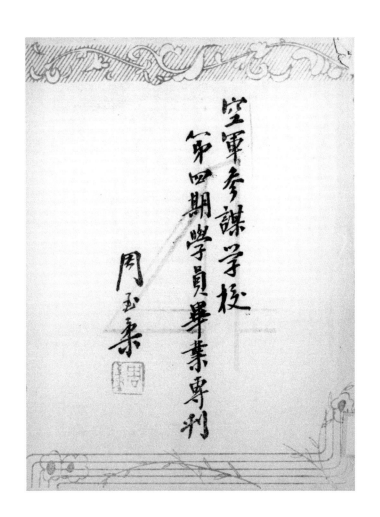

235．空军参谋学校第四期学员毕业专刊／空军参谋学校专刊编辑委员会编辑

该书包括校长、主任、副主任、教育长等人训词共八篇，第一、第二、第三期全体毕业同学献词，收录有《空军参谋人员与政治修养》（黄宪章）、《论空军建设与国防》（李茂春）、《空军战略之研究》（刘国柱）、《谈谈空军参谋人员之修养》（董明德、唐健如）等文章二十五篇。书名由周至柔题写。

空军军官之培养，尤重于学校教育。全面抗战爆发前，中国培养空军军官的学校仅有中央航校和航空机械学校两所，抗战爆发后陆续有了空军参谋学校、空军幼年学校和空军通信学校，以应空军建设人才之需。除了上述中央系统的军事学校外，东北、西北、广东等地方势力也建立或控制了一些军事学校，为各地方军输送了一批军事人才。

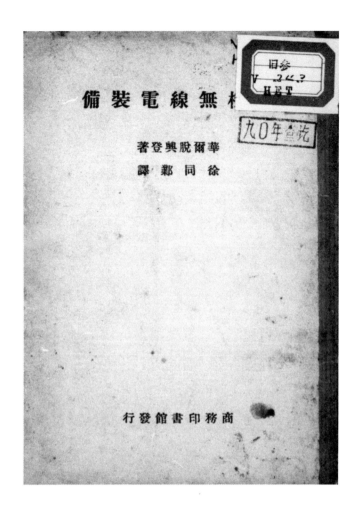

236. 飞机无线电装备 /[美] 华尔脱兴登（Walter Hinton）著，徐同邺译

该书共分为十一章，主要介绍了飞机无线电装备的构造及使用等情况，包括飞机天线、电力供给、装置法、发报机及收报机的装置、天线的装置等内容。国图另藏有该书 1950 年版本。

无线电设备在近代被用于飞机通讯、飞机领航装置、雷达及其他用途。根据飞机的任务及技术性能的不同，飞机上安装的无线电设备，在轻型单动机的飞机上可建立一个最简单的无线电接收机，而在重型飞机上可以建立多至二十余个复杂的无线电装置[①]。

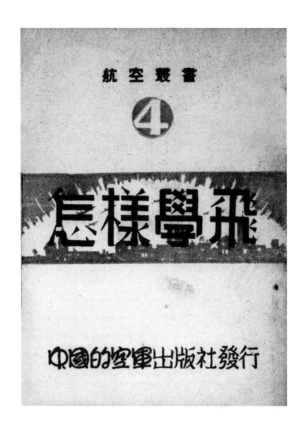

237. 怎样学飞 / 厉歌天著

　　该书为"航空丛书"的第四种，该书以书信体的形式讲述飞机驾驶技术，共包括《什么样体格才适宜于飞行》《上飞机以前的准备》《上到飞机上应该认识的东西》等二十四篇文章，主要介绍了适于飞行的体格条件、飞行前的准备、飞行仪表等的认识、飞机的操纵等内容，书中包含有插图若干。作者厉歌天，后改名为牧野，1935年考入中央航校，后担任飞行教官，曾获得抗战勋章，后转战文艺界，与叶圣陶联合主编《笔阵》，中华人民共和国成立后担任北京、西安电影制片厂编剧①。

―――――――――――――――

① 老舍著. 老舍自述 [M]. 北京：现代出版社，2018：200.

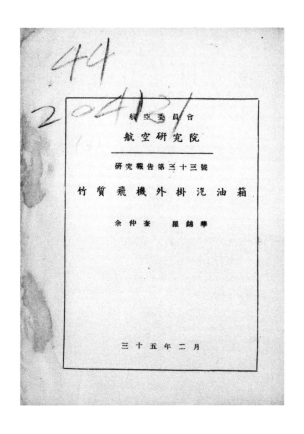

238. 竹质飞机外挂汽油箱 / 余仲奎、罗锦华著

该书为航空研究院木竹研究报告及技术丛编第三十三号研究报告，共分为四章，主要介绍外挂汽油箱的问题、用竹料制造飞机汽油箱的操作等，并附有大量关于油箱的吊挂部位图、油箱工作步骤等图表。书名原文为 *Bamboo Combat Tanks For Aircraft*。

抗战爆发后，为保障作战飞机起飞，当时中国政府的航空委员会认为，必须设法解决急需的航空器材，利用国产资源仿制、代替，逐步做到自给自足，才有摆脱依赖从外国进口的希望。为此，中国政府将全国有名的航空学者、专家集中起来，组成航空研究所。该书著者余仲奎即为当时牵头专家之一，担负了如层竹飞机外挂油箱等的研制工作，开展了大量科学研究和试验，飞机木、竹层板的研制成功，除解决了飞机工厂和外场修理的急需问题外，还为研制木竹结构的飞机与滑翔运输机提供了条件[1]。

———————————

[1] 华南理工大学校友总会秘书处编. 华工人 2010[M]. 广州：华南理工大学出版社, 2010: 195.

239.飞机维护程序及发动机之翻修 / 薛凤锵译，欧阳绩审核

全书总共有三节，系根据美军相关文件编译而成，书中标有"机密"字样，着重介绍了飞机及飞机设备的日常勤务、修理及调整和换装业务等，并附有飞机、发动机和喷气发动机型别等表格信息。

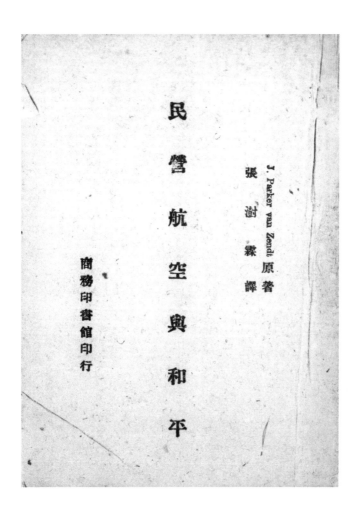

240. 民营航空与和平 / [美] 派克樊冉提（J. Parker van Zendt）原著，张澍霖译

该书共分为八章，主要介绍了民用航空的定义与范围及国际的竞争、管制、民营航空国际化等问题，提议制订帮助各国协同一致的国际行动计划，以保障各参加国的利益，并维持和平，充分发展民营航空事业。该书为"美国面临航空时代丛书"第二种《民营航空与和平》，该丛书第一种是《世界空运地理》。国图另藏有该书 1947 年上海一版的缩微文献。该书版权页英文题名为 *Civil Aviation And Peace*。

作者通过分析民用航空方面的基本争端，以求发现其最佳解决方案，因为协同一致的国际行动，须与各国共同的目的相应合。作者试图提出一种有益的政策，以有助于保证经济安定、繁荣，以及世界的和平。

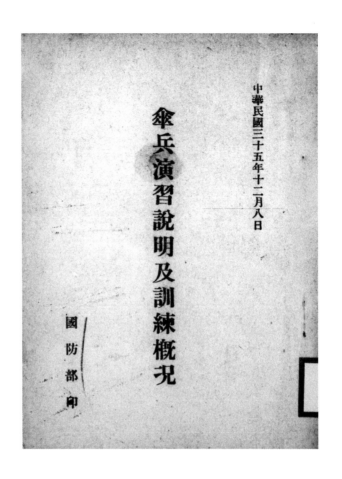

241. 伞兵演习说明及训练概况 ／[国防部编]

该书共分为七章，共收录马师恭的《演习说明》《伞兵总队简史》、张绪滋的《伞兵概说》、罗学良的《伞兵训练步骤》等八篇文章，内容主要关注与伞兵有关的军事演习和训练。

根据该书文末《跋》所述，该书为配合伞兵部队演习之用编纂，因演习日期时间变更，仓促成书，伞兵总队司令部副司令及各教官在短时间里提供了颇为丰富的教学资料。

242. 伞兵周年／陆军突击总队司令部编

该书由陆军突击部队司令部编印，用以纪念陆军伞兵突击部队成立一年来所取得的成绩。主要包括陆军突击部队的徽号、长官肖像、统计、画片、专论、工作纪实、文艺、补白等八部分内容。

我国最早的伞兵，是在 1944 年 1 月由美国第十四航空队陈纳德将军和国民党第五集团军总司令杜聿明将军向国民党政府建议，于云南昆明市郊岗头村成立的，名为陆军伞兵第一团，属第五集团军作战序列，归杜聿明亲自编组督训。1945 年 4 月 8 日伞兵团改为陆军伞兵突击总队，以李汉萍为突击总队司令，以荣誉第二师第五团少将团长张绪滋调任为突击总队副司令，以乔九龄为上校参谋长[1]。该书即为我国伞兵建立之初情况的记录。

① 中国人民政治协商会议广州市委员会文史资料研究委员会编. 广州文史资料第 45 辑 [M]. 广州: 广东人民出版社, 1993: 165, 166.

243. 航空研究院简史 ／ 王助编

该书主要介绍了航空研究所的业务组织、航空研究院的业务组织、研究人员、研究工作、生产工作、接收之机构、准备迁移等内容，简史所记录的时间跨度为1939 年 7 月 7 日至 1946 年 2 月 28 日。

航空研究院全称为"航空委员会航空研究院"，其前身为航空研究所，于1939 年 7 月 7 日成立于成都。抗战爆发后，航空委员会及其所属单位西迁。当时，空军所需要的航空器材主要依赖于进口，故而在战时备受掣肘。该院成立之初，由航空委员会副主任黄光锐担任所长，前中央杭州飞机制造厂监理王助任副所长。航空研究院主要任务有二：其一，积极研究战时急迫需要的器材，研究替代品或制造方法；其二，对于所有有关航空器材的问题，进行有计划的系统研究，彻底实现国造。1941 年，研究所扩大为研究院，分为器材、理工两大系，聘请钱学森、李约瑟等知名科学家任教，取得了重大科研成果，在 20 世纪上半叶的中国航空科技研究中具有举足轻重的地位。

244. 行总空运大队一周年特刊 ／ [著者不详]

该书内容除收入陈纳德、魏劳尔合撰的《行总空运大队之宗旨及成就》一文外，另编有该空运大队的职员录，为《行总空运大队》半月刊的特刊。该书由中英文两部分组成。

行总空运大队全称为行政院善后救济总署空运大队，由原美国第十四航空队组成，陈纳德担任总裁，其主要任务是将联合国提供给中国的救济物资由沿海运送至内地。在该刊出版后不久，行总空运大队更名为民航空运大队，最后改组为民航空运公司①。

---

① 王成志. 北美藏中国抗日战争历史档案文献提要 [M]. 上海：复旦大学出版社，2017：53.

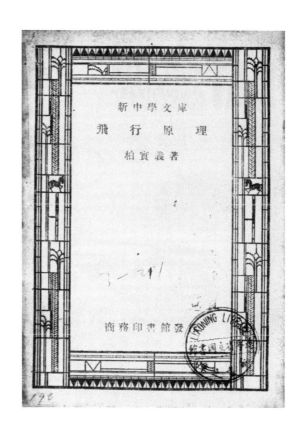

新中學文庫

飛 行 原 理

柏實義著

商務印書館發

245.飞行原理／柏实义著

该书共分为十章，主要介绍了空气动力学、飞机发动机、飞机性能和稳定性、飞机的控制与操纵、航空试验等内容，属于商务印书馆发行的"新中学文库国防科学丛书"。国图藏有该书1947年上海二版、上海三版。

编者认为，当时之战争乃科学之战争，"无科学即无国防，无国防即无国家"，建设国防应从倡导科学开始。国防的责任在于全体国民，对于科学的研究也应当鼓励全民参与，国民应当对国防科学的基本知识加以认识，此即编纂国防科学丛书的出发点。

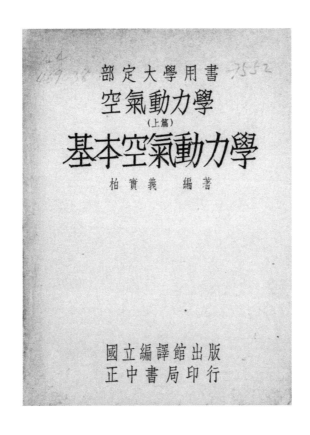

246. 基本空气动力学 ／ 柏实义编著

　　"国立编译馆"成立于 1932 年 6 月，隶属于教育部。其任务是促进科学教育，编译中小学教科书及学术专著。馆内先后设有总务、教育、人文、自然四个组，人事、秘书、会计三个室，大学用书、中小学用书、社会教育用书等三个编辑委员会及统一中外地名译文委员会[①]。该书为部定大学用书《空气动力学（上篇）》，共分为十章，总计一百二十七节，主要介绍了空气动力学的基本概念及基本原理、机翼结构及性能、升力设备等内容。

　　空气动力学是力学的一个分支，主要研究物体和空气之间有相对运动时，即物体在空气中运动或物体不动而空气流过物体时（类似于风洞试验）空气的运动规律及作用力（空气内部的和空气对物体的）所服从的规律，具体包括气体做相对运动情况下的受力特性、气体流动规律和伴随发生的物理化学变化[②]。该书尤其着重于对空气动力学基本原理的阐述。

---

① 施宣岑，赵铭忠主编. 中国第二历史档案馆简明指南 [M]. 北京：档案出版社，1987：166.
② 曹义华编著. 现代直升机旋翼空气动力学 [M]. 北京：北京航空航天大学出版社，2015：1.

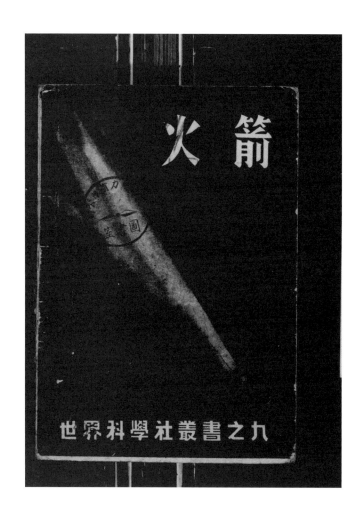

247．火箭／世界科学社研究部编辑

　　该书为"世界科学社丛书"的第九种，内容分为六章，主要介绍了火箭的原理、构造及应用，火箭的理论及研究实验等，附录有大气圈外之战争、飞行速度今日与明日等四种，书前有唐嗣尧序。该书非专业书，而是面向大众的普及火箭常识的科普图书，力求通俗易懂。

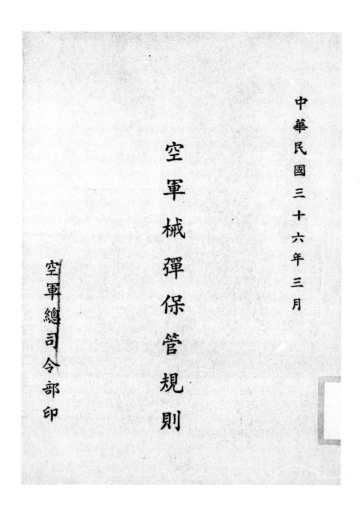

中華民國三十六年三月

空軍械彈保管規則

空軍總司令部印

248. 空军械弹保管规则 /[空军总司令部编]

该书共分为六章，二百零二条，主要介绍了有关空军械弹保管的库房管理，弹药储藏和检查、处理及运输等。根据保管规则，空军司令部所属各机关、部队、学校及站库等的械弹保管均依据该规则办理。

空军械弹主要包括机关枪炮、步枪、手枪、信号枪、火箭炮、号弹、照明弹、机关枪架、防毒面具，以及各种空用炸弹、炸弹架、炮塔、光学仪器、专门工具及械弹附件等。

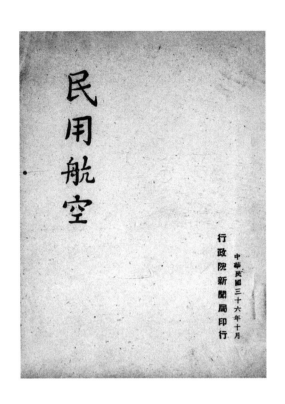

249. 民用航空 /［行政院新闻局编］

该书共分为三章内容，主要介绍"七七事变"之前、抗战期间和抗战胜利后的中国民航简史，民用航空局成立后的工作及计划等，后附有 1931~1946 年各年运量统计表。在该书末页，印有"非卖品"字样，但同时又注明在征得行政院新闻局同意后，欢迎"翻印"。

民用航空，简称民航，是指使用各类航空器从事除了执行军事、海关、警察飞行任务以外的所有的航空活动①。南京国民政府成立后，中国的民航业得到了一定程度的发展，其最显著的标志是当时出现了中国航空公司、欧亚航空公司等几个大型的民用航空企业②。

---

① 杨长进主编. 民航概论 [M]. 北京：航空工业出版社，2014：2.
② 独家春秋著. 闲话民国 [M]. 上海：上海人民出版社，2015：50.

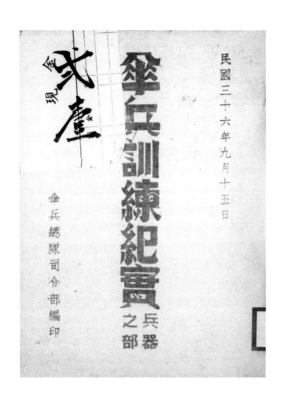

250. 伞兵训练纪实／伞兵总队司令部编

该书为伞兵特种之部特种训练用书，共分为特种之部、基本之部和兵器之部三册，特种之部包括情报训练、无线电学、战地救护三编，基本之部包括基本教练、美式徒手体操、美式持枪体操、美式刺枪训练四编，兵器之部包括手枪、冲锋枪、卡宾枪、步枪、自动步枪、机关枪、狙击枪、迫击炮、手榴弹、枪榴弹、火箭、橡皮舟、指北针十三编。附录介绍了饮水消毒、防传染病和花柳病之预防等内容。书中有马师恭题词。

1945 年初，在中印战区总参谋长兼驻华美军总司令魏德迈将军的应允下，杜聿明将第一伞兵团扩建，改名为"陆军突击总队"，其后，美军又派遣一支 300 多人组成的庞大"顾问团"，由考克斯中校担任团长。美方顾问不仅要负责中国伞兵的训练和考核，就连部队的作战调遣也要参与，所以，这支陆军突击总队实际上是由杜聿明和美军司令部共同领导的，司令为马师恭中将，副司令为张绪滋少将[1]。

---

① 蒋耘著 . 湘西会战 [M]. 北京：航空工业出版社，2016：63.

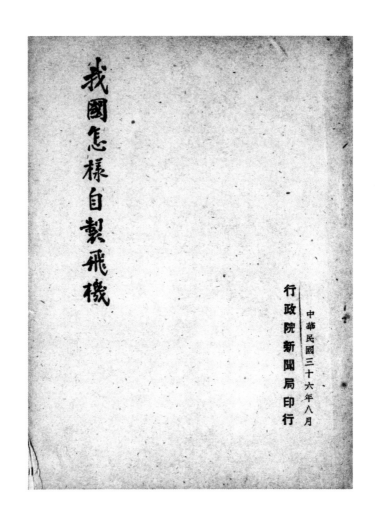

251. 我国怎样自制飞机 ／[行政院新闻局编]

该书共分为六部分，主要介绍了民国之前、北洋政府时期及国民政府成立前后的中国航空工业的发展，在困难中成长的飞机制造工业，制造飞机的一般过程，自制飞机的性能等。

航空工业是各种工业的结晶，但自抗战以来，国民政府西迁，各飞机场所在地相继沦陷，设备材料多被炸毁，损失巨大。各飞机制造厂在大后方恢复后，开始有系统地进行飞机制造和修护，对于抗战的贡献巨大。抗战胜利后，各厂渐具发展规模，但仍需不断努力，迎头赶上。国民政府主张实现航空工业的自力更生，而非像以往一样依靠外国人的技术和材料供应。

大學用書

航空站設計

吳柳生 編著

正中書局印行

252. 航空站设计 ／ 吴柳生编著

该书为大学用书，共分为十章，主要介绍了气象与航空站设计的关系、航空站的布置、建筑设计、标志、机场排水、防空等内容，书后有土壤分类表、沥青材料的应用、柏油的应用、工程估计等附表，为专供材料及工具选择与估计之用。

抗战之初，学校当局鉴于军事工程的重要性，增设军用桥梁及航空站设计等课目，该书作者授命教授航空站设计。抗战结束之际，作者将经过七年整理成的稿件付印，以供从事修筑航空站者使用。

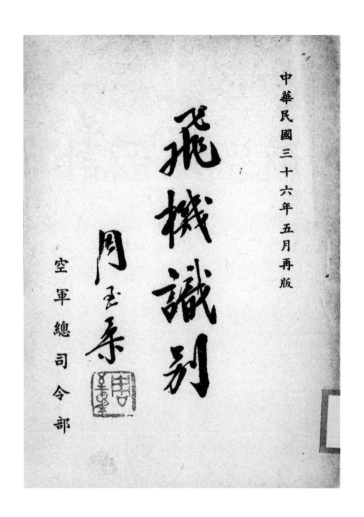

253. 飞机识别／李继唐编著

该书共分为十章，介绍了军用飞机识别的依据、飞机的主要部分和特征、飞机的性能、飞机识别的要领、高度识别法、方向识别法等内容，主要对飞机识别的一般常识进行介绍，并附有各种简图。作者认为，在经历抗战之后，防空情报系统的组织应当在实际经验基础上不断改进。

飞机识别是防空人员训练的重要组成部分。识别不同国籍和不同类型的飞机，方法很多，简易识别方法有以下三种：根据机徽、机型识别，根据飞行编队识别，根据声音判别[1]。该书则介绍了根据军用飞机的声音、速度、队形、机型、标志等识别的方法。

---

[1]江苏省教育委员会，江苏省人防办公室编.人防知识[M].南京：南京大学出版社，1993：10，11.

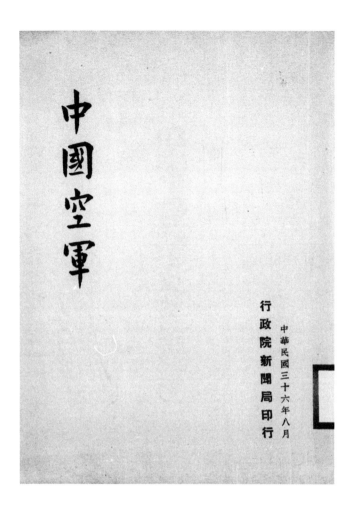

254. 中国空军 /[行政院新闻局编]

　　该书共分为飞机在我国出现、空军的初期成长、中国空军的卓越领导者、"八一四"光辉的一天、敌我实力的消长、"木更津"的毁灭、战士的血洒遍祖国的长空、绝对逆势下的反击、九十颗子弹加一颗炮弹、飞虎雄风卫南国、空中骑士归来了、臧锡兰与周志开的传奇、战局黯淡中空军的血汗、陆空合作的五次歼灭战、第五大队翱翔在雪峰山、中国空军璀璨的前程等十六节，介绍抗战期间空军情况和几次作战经过。书前有摄影照片多幅，展示了中国空军的威武雄姿，书后附录有抗战中我国空袭损害统计、中国空军作战统计、敌空中巨魁的陨落、抗战中空军作战统计等四种，有"非卖品"字样。

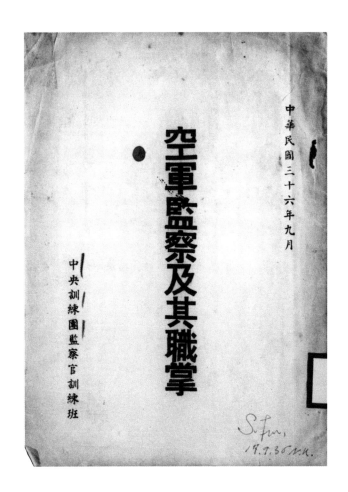

255.空军监察及其职掌 /[中央训练团监察官训练班编]

　　该书为中央训练团监察官训练班的报告，主要介绍了空军总部督查室组织和执掌概况，以及督查实施情况。书中所附《空军视察规程》共分为八节内容，主要介绍了空军视察的种类及组织、督察官的任务及注意事项、视察报告及附则等内容。书后附有视察报告及视察备忘录的使用说明。

256. 伞兵二周年 / 黄希珍主编

该书共分为十个部分，包括照片、题词、生活照片、论著、文艺、散记、诗歌、杂俎、伞兵园地专栏、转载等。

国民政府伞兵 1944 年 1 月成立于云南昆明，直接隶属于陆军总司令部，由杜聿明的第五集团军第五军代管。伞兵初建时为一个团，称为伞兵一团，下辖三个营、十个连，编制一千人左右，团以下干部均由第五集团军调任，士兵一部分在青年军中挑选，另一部分是重新招考的青年学生，整体文化素质较高。1945 年 4 月，扩编为陆军突击总队，下辖十二个队。1945 年底，陆军突击总队扩编为伞兵总队，下辖四个建制大队、四个补充大队，划归国民党航空委员会[1]。该书为伞兵总队二周年纪念特刊。

① 鲍林. 国民党伞兵三团起义始末 [J]. 党史纵横，2017（9）.

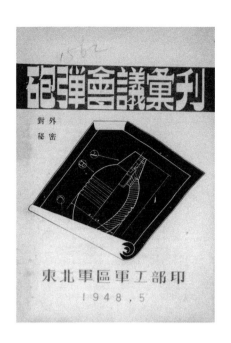

257. 炮弹会议汇刊／[东北军区军工部编]

该书内容包括江副部长在炮弹会议上的讲话、谈技术干部、汇报、会议决议问题等，封面有"外密"字样。该书为国家图书馆新善本文献。

抗日战争末期，中共中央决定创建东北根据地的一个特殊原因，是现有根据地中没有工业。在控制东北之初，中共中央即派延安、晋绥根据地兵工人员以及各根据地大兵团的修械干部随军进入东北，成为东北军事工业的领导和骨干力量。1945年10月12日，在东北军区设立了军工部，各军区、各纵队也成立军工部或军工处，领导军工工作。东北军区军工部先后接管了沈阳、公主岭、长春等地的日伪兵工厂，获得一批机器设备、原材料及军械弹药。在多次转移迁厂环境下，有的工厂仍然坚持必要的生产，保障了前线的急需。战局相对稳定后，东北军区军工部在珲春建立了军工基地，设有机械、弹药、材料、子弹、化学、迫击炮、手榴弹等厂，同时在鸡西、佳木斯、哈尔滨、大连等地建立了军工厂。1947年10月，东北军区军工部开始统一领导各军区、纵队、各地军工厂，变分散为统一，从军事供给制转向企业化，机械化程度不断扩大，为大工业生产积累了经验，培养了人才①。

---

① 范胜丽. 东北解放战争与老工业基地的初创 [J]. 东北史地，2011（5）.

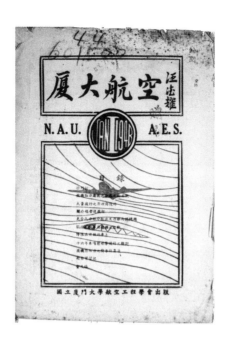

258. 厦大航空 ／［国立厦门大学航空工程学会编］

近代中国成建制的航空高等教育始于 20 世纪 30 年代，是由留学生从国外航空业发达的国家引进的。这些航空留学生毕业于英、法、美、日、意、德、比利时等国著名大学的航空系或专门的航空学校，其中又以公派留学美国和意大利的人员最成规模。

厦门大学航空工程高等教育在国内起步较早，是我国最先开展航空本科教育的院系之一。抗战时期，厦门大学迁到福建长汀，与驻长汀的盟军空军有所接触。经呈请，教育部正式批准其于 1944 年 4 月开办航空工程系，由厦门大学理工学院院长黄苍林教授任首届系主任。从 20 世纪 30 年代开始，国民政府在一些学校先后开办了航空工程系，主要有清华大学（1934）、南京中央大学（1935）、上海交通大学（1935）、天津北洋大学（北洋工学院，1935）、厦门大学（1944）、四川大学（1945）、云南大学（1944）、浙江大学（1944）、西北工学院（现为西北工业大学，1938）。1934 ~ 1949 年的十五年间共培养了近千名毕业生[1]。1951 年，厦大航空工程系迁往清华大学。

---

① 黄信安，尤延铖．厦门大学航空系的"前世今生"[J]．厦门科技，2015（2）．

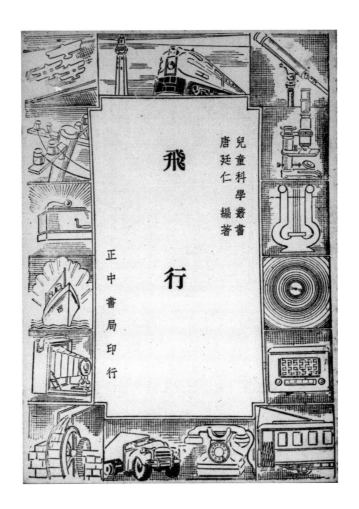

259.飞行／唐廷仁编著

　　该书为俞子夷主编的"儿童科学丛书"之一，主要内容为小朋友志高跟随航空员哥哥参观航空学校的故事，包括参观航空学校——飞机的种类与构造、看飞机表演——各种飞行方法、飞行安全得到保障——降落伞、没有发动机的飞机——滑翔机、飞机的故事——飞机的演进等五部分内容。

　　人民教育家陶行知在 1926 年发起了乡村教育运动，并于 1927 年 3 月在南京办起了我国第一所乡村师范学校——晓庄试验乡村师范（即"晓庄师范"）。陶行知的这一创举，震动了全国，教育界纷纷响应，掀起了兴办乡村师范的热潮。1928 年，在蒋梦麟等人的邀请下，陶行知又创办了浙江乡村师范学校（1933 年改名为"浙江省立湘湖乡村师范学校"）。"儿童科学丛书"的主编俞子夷、该书作者唐廷仁，都为湘湖师范教师。

260. 滑翔机／朱彦烦编

　　该书包括我国的滑翔故事、西洋的滑翔故事、滑翔机展览会、滑翔讲演、滑翔表演、我国滑翔运动小史、少年滑翔队等七部分内容。该书为中华文库小学第一集，属于少儿读物。

　　中华书局出版的"中华书库"是民国时期具有代表意义的综合性丛书。1947年，舒新城主编的"中华文库"开始出版，从缘起说，"自抗战军兴，公家及私人藏书毁于兵燹者不知凡几；而战时又因物质缺乏，出版维艰，无以补充此文物之损失"，抗战胜利后，为解决民众对教育文化之所需，"拟就书目，并特约专家撰述新著"，辑为"中华文库"分集刊行[1]。

---

① 张剑. 中华书局科学书籍出版初探（1912～1949）[J]. 自然辩证法通讯，2014（10）.

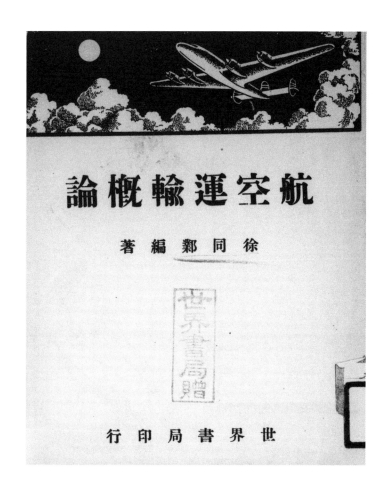

261. 航空运输概论／徐同邺著

该书包括概说、航空运输之种类、航空建设及航空保险等四章。早在 1927 年白寿彝撰写的《中国交通史》中，就有我国各时期的道路、河渠、邮驿、运输工具、水运等内容的论述，并介绍了航空运输的发展。国民政府比较有规模地建设航空运输事业是从 1930 年重新组建中美合资的中国航空公司开始的，其后又相继成立了欧亚航空公司和中苏航空公司，极大地推动了中国航空事业的发展。1941 年中德断交，1943 年欧亚航空公司改组为中央航空运输公司，接管之前欧亚航空公司的所有航空业务，而且还增加了部分航线。在各种交通运输方式中，航空运输最为快速，但或许是由于其在当时属于刚刚起步的新兴事业，民国时期出版的关于航空运输的专门论著并不多。

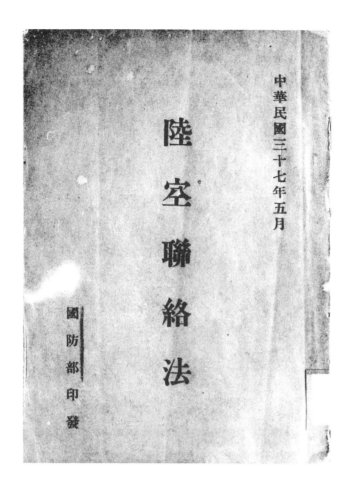

中華民國三十七年五月

陸空聯絡法

國防部印發

262.陆空联络法 / [著者不详]

该书包括飞机识别、陆空联络手段、陆空联络要则、陆空无线电联络要领、空军无线电、空军通信勤务、陆空协同布板通信、布板操作法等八章内容，主题为陆空协同通信。

抗战结束后不久，蒋介石发动全面内战，人民解放军采取集中优势兵力、各个歼灭敌人的打法，以歼灭敌人有生力量为主要目的，取得重大成效。然而，在蒋介石、国民党等人眼中，仍有反抗余地，即"补给、交通、通讯、卫生等解决，陆空联络解决，军民配合解决，一年工作，半年决可完成"[1]。该书由国民政府军参谋总长陈诚颁布，主要目的为"使陆空两军协同作战，联系臻于严密，以收最大战果，完成戡乱使命"。

---

[1] 汪朝光. 战与和的变奏：重庆谈判至政协会议期间的中国时局演变 [J]. 近代史研究，2002（1）.

263. 澳门小姐失事始末记 ／ 海外流动宣传团编辑部编辑

　　该书包括照片三十一幅、评论七篇、记述九篇、转载三篇、杂记五篇，总共五部分内容。抗战结束后，港澳地区百业待兴，但当时的港澳商人却热衷于成立澳门航空运输公司，原因在于太平洋战争后的最初几年，最为获利的生意是输入和买卖黄金。虽然依照当时的一项国际公约，输入黄金是被禁止的，但葡萄牙并没有签署此项公约，澳门自然不受此约限制。1948 年 4 月 4 日，澳门航空运输有限公司开业，由澳门总督柯维纳主持航机"澳门小姐号"的命名礼，4 月 9 日正式飞行。"澳门小姐号"是一架双引擎的水陆两用卡达琳娜式三十座飞机，每周只飞行四天，港澳之间需要飞行二十分钟左右，来回收费七十五元，比水上交通节省了八至九倍的时间。1948 年 7 月 17 日，"澳门小姐号"在香港以西九针岛海上空遭遇劫持失事，坠海沉没，二十七人遇难。"澳门小姐号"失事是港澳空运史上的首次空难，也是震惊国际的案件。

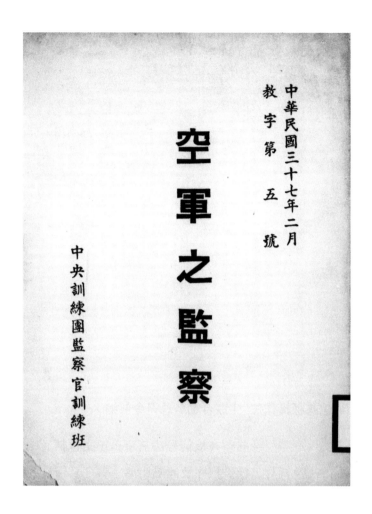

264. 空军之监察 / [著名不详]

　　该书介绍了空军监察的计划拟定、通知、过程、任务分配、编制人员、工作方法、业务设施、报告资料等方面内容，为中华民国三十七年二月教字第五号。

　　国民政府的早期监察制度基本效仿西方国家，其后融合了孙中山"五权学说"与古代监察制度传统。国民党政权的监察机关为监察院及其派出机关——监察使署，制定了《监察院组织法》《监察院审查规则》《监察院调查规则》《监察使署办事通则》等一大批监察规程和规则，构筑了一套法律法规体系。该书内容不属于民国时期监察体系或制度的内容，主要为军事顾问麦克西的一篇空军监察执行方法的报告，但可从中管窥民国时期国民政府军事监察的一些情况。

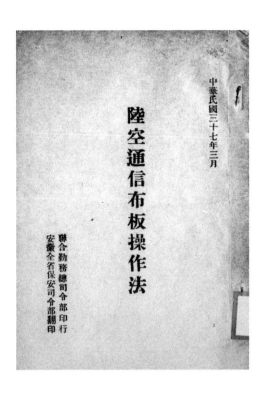

265. 陆空通信布板操作法 / [联合勤务总司令部编]

该书包括正文六章与附录陆空布板信号法三章。正文包括通则、编组、操作队形、布板折叠方法及持放、铺设程序及间隔距离、口令及铺设要领等内容；附录包括布板符号、密码与空对陆信号等内容。

1925 年 7 月，国民政府在广州成立，军事委员会作为国民政府的最高军事行政机构应运而生。军事委员会成立后组建后勤机构，作为军事委员会领导和管理全军的后勤工作机关。但在解放战争前，国民革命军的后勤机构一直处在分条管理的多元化时期，没有统一的领导和管理机构，直到 1946 年 6 月，国民政府才成立统辖全军后勤工作的国防部陆海空军联合勤务总司令部（简称联勤总部）。联勤总部分运输署、通讯署、军法司、宪兵司令部等十二个下属机构 [1]，解放战争期间，联勤总部所做的大量工作是为全面内战做支撑，如该书之印刷，主要为陆空结合与解放军作战而用。

---

[1] 张建基. 国民革命军后勤史略 [J]. 军事历史研究，1990（10）.

266. 场站建设 / [交通部民用航空局编]

该书为交通部民用航空局场站处民国三十六年度业务报告。主要内容包括交通部民用航空局场站处接收军用机场成立航空站、勘测机场拟具修建计划、工程概况及统计图表和工程设计照片等，还包括航空局所规划的修建全国各机场的实施计划与设计标准。并附有飞行场站收费标准办法草案、建筑工程实施规程、场站管理规则草案、机场使用规则草案四种法规。

1919 年 3 月，北洋政府交通部成立了筹办航空事宜处，不久国务院又成立了航空办事处，初步拟订了开辟全国五条航线的计划，但是 1924 年就陆续停办了，直到 1930 年和 1931 年才陆续成立了"中航"和"欧亚"两家民用航空公司。民国时期历届政府对民航事业的管理很不完善。北洋政府时期，军事航空机关兼管民用航空，业绩较差。国民政府时期，最初由交通部管理民用航空，后来由军事航空机关掌管所有航空事业，只有邮运航空划归邮政总局管理[①]。该书所提到的场站建设，主要为抗战结束民航恢复运转后，国民政府交通部民用航空所涉及的场站，其与军事场站建设有一些区别，值得关注。

[①] 潘银良 . 民国民航事业 [J]. 民国春秋，1998（4）.

267. 民用航空统计资料 /[交通部民用航空局统计室编]

该书以图表形式示意或统计了 1946~1947 年国内航线、飞行公里数、客运、货运、邮运、行李及飞机失事等情况,并有航路通讯机构及联络线路图、民航线路图、入境国际航线图、民航总运量比例图等,是我国重要的民用航空统计资料。

抗战胜利后,中国民航事业有了一段短暂的发展期,"两航"先后分别将基地从重庆和昆明迁回上海,立即投入到紧张的"复员运输"工作。"中航"依靠在抗战后期执行"驼峰空运"任务时积聚起来的技术物质力量,施展了航空运输所具有的快速和机动的优越性。抗战胜利后,它率先开辟了重庆—上海、重庆—香港、重庆—北平、重庆—广州和上海—香港、上海—北平、上海—台北以及昆明—河内等航线,并为"复员运输"进行了异常忙碌的飞行。该书为研究国民政府后期民用航空情况提供了十分详细的参考资料。

268. 航空趣味／张以棣著

　　该书为科普读物，共分为十三个部分，主要介绍了飞机的建造、喷气推进机、直升机、无声飞机、无人飞机、怎样避免飞机受冻、超音速飞行、原子能飞机等有关航空知识。其中，它特别提到二战期间德国研制的火箭轰炸机可以四十分钟飞越大西洋，虽然没有制造成功，但认为那只是时间问题。该书还提到超音速飞行问题，认为超音速飞行因为阻力太大，消耗燃料很厉害，飞行时间短的问题恐怕要原子能引擎完成后才能解决。该书甚至提到了制造原子能发动机，通过利用原子能实现制造原子能飞机。

269. 斯图卡俯冲轰炸机／万有画库社编译

　　该书为"万有小画库系列丛书"第一册。万有小画库系列包括轰炸机、伞兵、劳动服务、电信队、坦克车、空军训练、重工业、步兵、元首府等共计十八项知识内容。

　　该书主要介绍德国斯图卡俯冲轰炸机的结构、特色及其在第二次世界大战中的应用等，同时附有三十二幅插图。斯图卡型轰炸机是当时德国发明的一种直降式轰炸机，具有强大的空战效率。作者认为，人类愈进化，杀人的利器愈精巧，而战争的规模也会愈扩大。

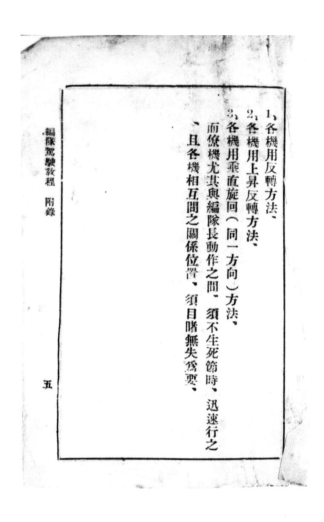

1、各機用反轉方法、

2、各機用上升反轉方法、

3、各機用垂直旋回（同一方向）方法、

而僚機尤其與編隊長動作之間、須不生死節時、迅速行之、

且各機相互間之關係位置、須目睹無失爲要、

編隊駕駛敎程 附錄

五

270. 编队驾驶教程 /［ 著者不详 ］

该书主要介绍了各机用反转方法、各机用上升反转方法、各机用垂直旋回（同一方向）方法。目录之后，皆为相关方法的图示，共二十三张图示。国图所藏为残书，为附录部分。

该书主要用于飞行员飞行驾驶训练，"包括单机（起落航线、特技）编队、仪表、夜间等驾驶技术训练。单座机飞行员还包括空中领航技术训练"[1]，所谓编队驾驶技术训练，是指"飞行员编队飞行的操纵要领和协同动作及编队长机带队能力的训练"[2]。

---

[1]《军事辞海》编辑委员会编．军事辞海 2：军事力量卷 [M]．杭州：浙江教育出版社，2000：475．
[2] 同上。

義

271. 空中航法讲义 /［著者不详］

该书共有三篇,总计七章内容,并有四个附表,主要包括总则,空中航法的介绍,风向三角形、磁石式罗针盘的误差、天测计算的要素等有关航空常识,以及航法教育等内容。

空中航法是飞机行动的基础,航法教育的目的在于训练空中勤务员,使其无论面对怎样的天气地形变化,皆能达成相关任务,安全到达目的地。

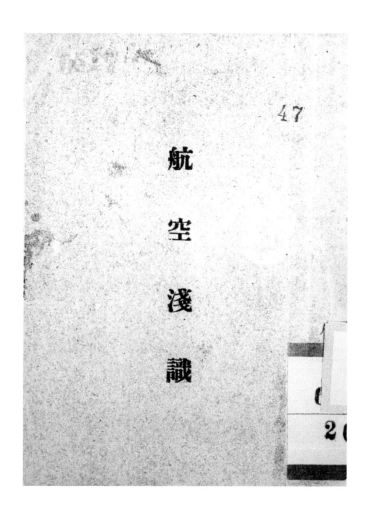

272. 航空浅识 / [著者不详]

　　该书共分为九章内容，主要讲述航空沿革史、航空器种类、飞机的构造、飞机腾空原理及应用、世界航空概况，以及士兵对于飞机的责任、毒气防护法等内容。

　　作者认为，欧洲以后，空中事业如交通、探险、渡大西洋、欧亚长途飞行等，各种发展进步不一而足，但当时中国的诸事业发展皆步人后尘，领土领海多为帝国主义所攘夺，故而航空事业需我们及时努力，尽快充实，以巩固和促进国家发展。

273. 发射联动机教程 ／[著者不详]

该书主要介绍了牛包二九式战斗机维克式机关枪用发射联动机的构造、机能、装配及拆卸和调整作业等内容，包括五章，并有附图。

牛包二九式战斗机维克式机关枪用发射联动机与伊式三百马力发动机、联动装置起动部共同发挥联动作用，由传导部、击发部、安全装置和副发射装置构成。

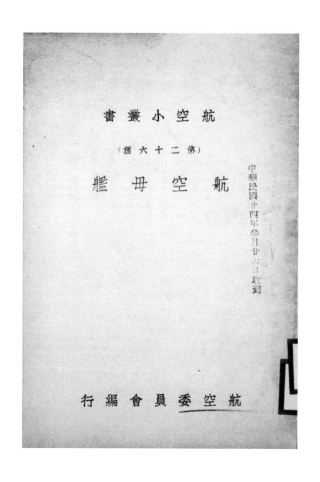

274. 航空母舰／航空委员会编

该书为航空委员会出版的"航空小丛书"第二十六种，共分四节，主要介绍航空母舰的历史沿革、性能、任务以及各国航空母舰的概况。

航空母舰，简称"航母"，是一种以舰载机为主要作战武器的大型水面舰艇，也有人形象地称其为"移动的海上机场"。航母与各种护航舰所组成的航母战斗群，集防空、反舰、反潜以及对岸攻击等作战能力于一身，能根据不同情况执行多种战略任务[1]。用舰艇运送飞机的实验早在一战前就开始了，第一艘毁于空袭的军舰是 1914 年被日本飞机击沉的德国船舰。但直到一战后不久，最早装配全通式飞行甲板的两艘真正意义上的航空母舰才在英国皇家海军服役[2]。

---

[1] 英董书坊编纂中心. 百科大探秘. 现代兵器大探秘 [M]. 长春：吉林出版集团有限责任公司,2017: 48.
[2] ［英］康纳德·萨莫维尔，［英］伊恩·怀斯特威尔著. 第二次世界大战 [M]. 尚亚宁，译. 沈阳：万卷出版公司,2016: 111.

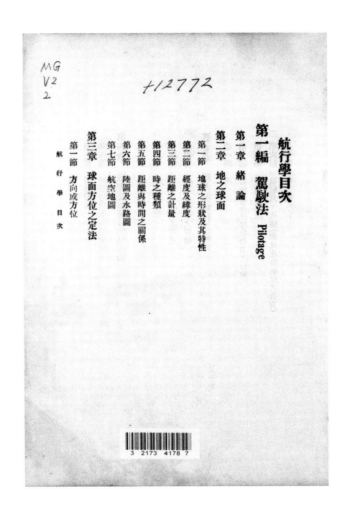

275. 航行学 ／[著者不详]

该书分为四篇,共十五章内容,主要介绍了驾驶法、推测航行法、天文推测航行法、航空仪器等航空飞行学知识,后附有航行学英汉名词对照表。

该书所述航行学实为航空术语,彼时航空业多借用航海专用术语,如"航海术、驾驶术"多有混用者。作者认为,航空器驾驶者应同时成为健全的航行家,在国际航行、战时航行或飞航途中遭遇云雾障碍、在海洋面飞航等情况下,应具备相应航空飞行知识,以推测航空器的定位,确保抵达目的地和完成任务。

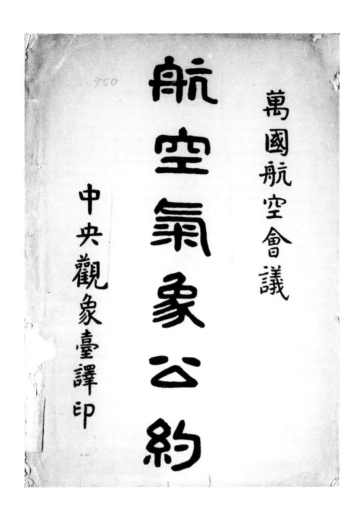

276. 万国航空会议航空气象公约／中央观象台译

规约内容共分为"凡在约各国，应供给关于气象报告应用之事项及各种报告之性质""各项报告发行之时期及如何报告之方法"两项，有"通常报告""特别报告""预报""报告之格式及传报之通例"四项附则及电信符号说明。卷端、页眉题名为"万国航空规约"。

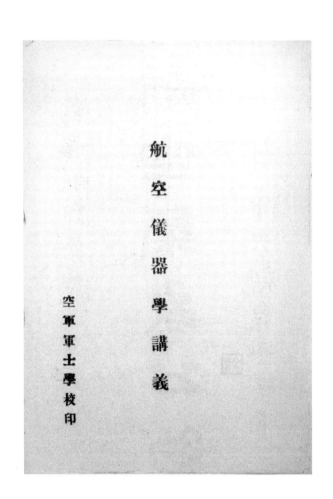

277. 航空仪器学讲义 ／ 聂光坡、张传忠编辑

　　该书共分为四篇,共计十三章,主要介绍了发动机仪表、飞行仪表及特殊仪表等有关航空仪器知识。航空仪器主要分为两类,即发动机仪表和飞行仪表。

　　该书认为航空业日益发达,而当时之人,更多关注飞机及其发动机的构造与改进,对航空仪器却容易忽略。但随着飞机的日益进步,对于飞机的操纵、对飞行姿态的控制、飞机性能及其安全的重要性日益突出,因而对航空仪器的研究也应当不断重视起来。航空仪器的作用在于,使飞行员明确飞机各项功能情况,关注飞机的性能及飞行环境的变化,为人机的安全提供最大保障。

278. 航空条约／[著者不详]

该书收录了 1919 年 10 月 13 日在巴黎订立的《国际航空专约》及其附约,其中正约有九章内容,包括总则、航空器之国籍、适航证书及胜任证书、飞航外国境内空间之准许、发报降落及进航时应守之规则、禁运物品、国有航空器、国际航空委员会和总结条款。附件包含八个附约。

1919 年 10 月 12 日,巴黎和会请顾维钧前往法国外交部签《国际航空专约》,顾与研究航空事务之专门委员唐宝潮少将详细研究专约约文后认为:综观约文,尚于我国有益无损,现在空中飞航日形发达,外国飞艇之飞渡我国国境势难禁止,在我加入该约,便可据以取缔,于我主权更多一层保障,而对协约各国复能借此表示一致之意。次日,中方正式在条约上签字[1]。

───────────────

[1]金光耀主编.顾维钧与中国外交 [M].上海:上海古籍出版社,2001:70.

279. 战斗驾驶教程 /［著者不详］

该书为歼击机驾驶教材，共分为三章，主要介绍了战斗驾驶员应具之性能、战斗驾驶之特性及注意、单机战斗飞行三部分内容，其中第三章着重介绍单机战斗飞行相关知识，共计十九节。

战斗驾驶是指在不预设情况及目标的前提下，进行的驾驶。在基本驾驶完成后，演练战斗驾驶，以期完成空中各种战斗动作，从而为空战做好准备。

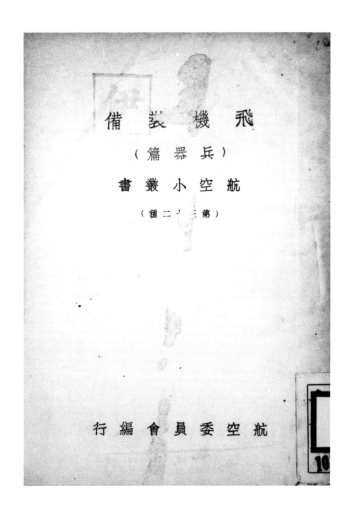

飛 機 裝 備

（兵 器 篇）

航 空 小 叢 書

（第 三 十 二 種）

航 空 委 員 會 編 行

280.飞机装备／航空委员会编

该书为"航空小丛书"第三十二种，国图所藏为该书的兵器篇。该书主要介绍了军用飞机的兵器装备，包括机关枪、机关炮和炸弹等内容。作者认为，军用飞机的任务之所以能够完成，全在于军用飞机的战斗力，由机载兵器及各种先进设备体现。

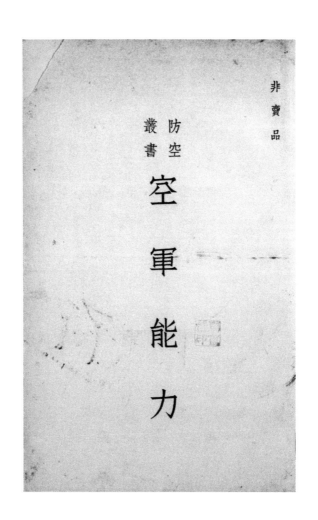

281．空军能力 ／[著者不详]

该书共分十三节，主要讲述空军于战争上之使命、陆海空军过去之关系地位及将来之趋势、陆海空军之主力问题、空军之分科及各兵科之性能、空中部队之编制、野战空军之隶属及指挥、侦察飞行队之能力、轰炸飞行队之能力、驱逐飞行队之能力、空军部队之行动等内容。该书正文开始印有"非卖品"字样，末尾附有正误表。该书为"防空丛书"之一。

该书认为随着航空技术的发展，现代空军已极大改变了战争形态，战争逐渐走向立体化，强大的空军对于国防日益重要。空军威力巨大，可以削弱敌国的战斗意志，对敌国的轰炸可以导致巨大破坏，具有毁灭能力，未来空军的意义更加凸显，因此务必强化空军建设。

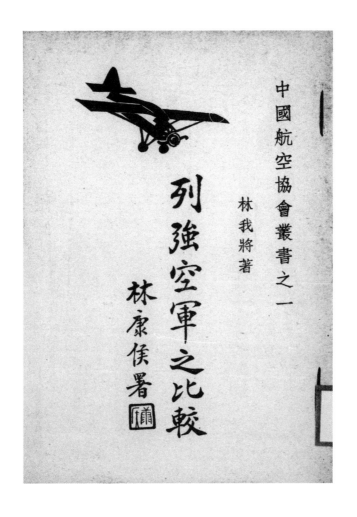

282. 列强空军之比较 ／ 林我将著

该书为"中国航空协会丛书"之一，该书用十一幅表格对列强的空军实力进行比较，包括《列强各种战斗机之比较》《空军之属于陆军或独立空军者》《空军之属于海军者》《航空母舰比较表》《空军服务人员之比较》《空军服务人员之比较》《各国航空路线之比较》《航空站之比较》《列强民用飞机之比较》《列强民用飞机驾驶员人数之比较》《一九三一至一九三二世界七大强国航空国防费比较表》等。

著者通过此书旨在简单地披露各国空军之最新实力，并加以讨论当时国家航空国防应当注意加强的方面，以增强空军建设能力。作者认为诸列强无不恃其武力向外扩张，因而必须具备自卫的能力，战争的胜负已不能完全依仗海陆军，胜败的关键全在于空军的威力大小，因而必须加强空军建设。作者将各国空军实力列表比较，再加以说明，进而论及如何发展航空、巩固国防。

283. 中国空军之军的精神 ／ 蒋坚忍著

该书分为三部分，主要介绍了建立中国空军之军的精神的基本条件，包括要树立军之组织重心、要树立军之纪律、要树立空军军人之新人格。

该书著者认为要建设中国空军，人才、器材和技术师是中国空军建设中的重要问题。在器材方面应当追求大量增加，自给自足，在技术方面不断追求进步。但是中国空军建设的根本问题是建设中国空军之军的精神，关键在于新空军之军要成为有生命的"军"，当以如何建立"军之精神"为第一要务。

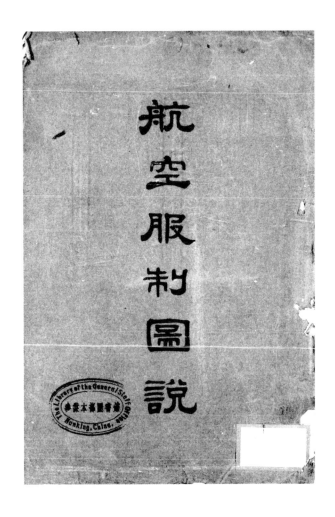

284. 航空服制图说 / [著者不详]

　　该书分为两章，主要介绍了常服、礼服两种航空制服。其后附有相关航空制服的图例，共计二十五幅配图。常服包括常帽便帽及帽章、常衣常裤白色常服及领章袖章肩章、大衣、胸章、靴鞋、马刺、腰带带章等，常服无佩剑。礼服适用于职员，包括礼帽及帽缨、礼衣礼裤、披衣、胸章、靴鞋、马刺、剑及剑带、礼带等。后附相关服饰的图样，与前文相对照。

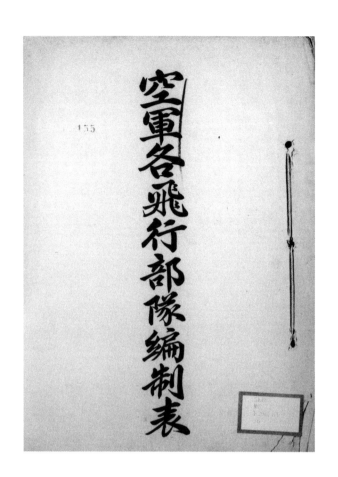

285. 空军各飞行部队编制表 ／[著者不详]

该书主要包括空军重型轰炸大队、重型轰炸中队、中型轰炸大队、中型轰炸中队、驱逐大队、驱逐中队、直属侦察中队、空运大队、空运中队的编制表，详细介绍了中国空军的编制情况。

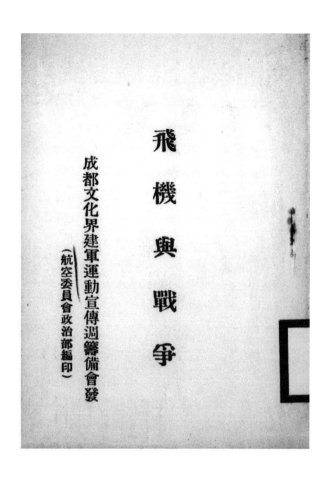

286. 飞机与战争／航空委员会政治部编

该书共分六部分，主要介绍了飞行器发明的经过、飞机在战争中的效用、飞机之进步与各国空军力量之鸟瞰、中国空军之战绩、建设中国空军之意义、怎样建设中国的空军。该书在讨论飞机对于战争的重要作用后，重点介绍如何建设中国空军。该书认为，建设空军的方法有两种，一种是发行航空建设奖券，另一种是举办飞机捐。前一种当时已停止开展，飞机捐尚在举行，仅以公务员及公立学校教职员为限，一般民众采取自由集款的方式。

1936 年 12 月行政院核定施行《中国航空建设协会总会续征公务员飞机捐办法》，规定党政军警各机关人员及公立学校教职员，应以实发薪额若干成，用以建设航空之用，是谓飞机捐。捐款标准如下：薪金三十元以下的不捐，三十元至五十元的月捐两角，五十一元至一百元的月捐金额 1%……六百元以上的月捐金额 10%[1]。

---

① 江津县税务局 . 江津县税务志 [M].1998: 58，59.

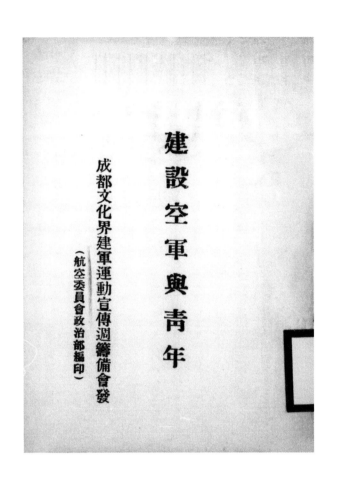

287. 建设空军与青年 ╱ 航空委员会政治部编

　　该书为宣传小册子，目的在于向广大青年宣传航空救国思想，号召有志于从事航空救国的青年人积极参加空军招募，并对空军的任务情况进行了简要的介绍，鼓励青年们参加空军为实现三民主义服务。空军不单纯是一种职业，更是一种实现政治意志、弘扬爱国情操、挽救民族危亡的高尚事业。

288. 空军军士学校第□期学生毕业纪念特刊 /［空军军士学校编］

　　该书主要包括题词、训词、箴言三部分内容，是抗战时期成都空军军士学校的某期学生毕业纪念特刊。书口题名为"第□期学生毕业纪念特刊"。

　　全面抗战爆发后，空军在保卫领空以及陆地攻守中的重要地位日益凸显。为发展中国空军，最高军事当局高度重视对空军人才的培养。战争爆发后，驻杭州笕桥的空军军官学校迁往昆明，同时决定在成都筹办空军军士学校。空军军官学校简称空军官校，空军军士学校简称空军士校。主要为培养飞行军士，充实空军下级战斗骨干[1]。成都空军军士学校共培养学员七期。后三期学员尚未毕业即转到昆明空军官校训练，后直接去美国训练，空军士校随后停办。空军士校共有四期学员修完学业进入空军，共毕业 403 人[2]。

①王苹，许蓉生，胡越英编著.成都与抗战时期的中国空军[M].成都：四川大学出版社,2015：69.
②王苹，许蓉生，胡越英编著.成都与抗战时期的中国空军[M].成都：四川大学出版社,2015：71.

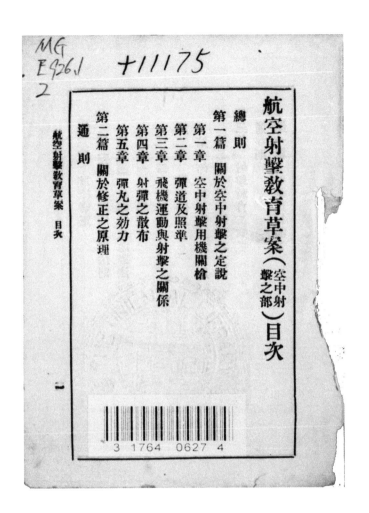

289. 航空射击教育草案 ／[著者不详]

　　国图所藏为该书空中射击之部，共分为六篇十三章，主要介绍了关于空中射击之定说、关于修正之原理、射击教育、机能检查、弹药、记录及报告等内容，总计一百七十八条。

　　空中射击不仅仅是对敌航空机的打击战斗手段，更是对敌地面打击的重要战斗手段，因此熟练掌握空中射击技巧是空中勤务人员完成战斗任务的必备技能。作为草案，该书第六篇要求各队整理各种射击弹痕图、机关检查事项等以备将来射击教育参考。

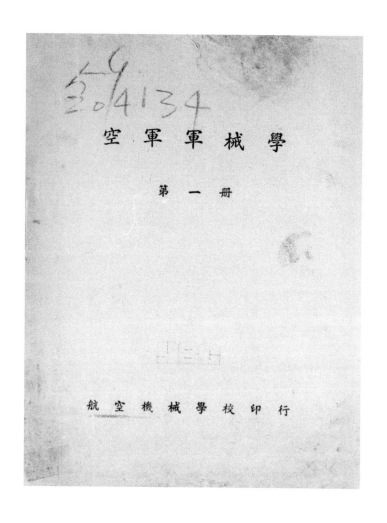

290. 空军军械学／[航空机械学校编]

该书共分为八篇二十七章，国图所藏为《空军军械学》的第一册，主要介绍了空军兵器基本常识、弹道概说、轰炸学与射击学、空军军械要领、机枪和打火机概说、军用火药、化学兵器等。

该书所称空军军械学，相当于现今的"空军兵器学"，空军兵器学是"兵器学的一个分支学科。主要研究用于空战的飞机、飞艇等军用航空器及航空机枪、航空机关炮、空空导弹、空地导弹、航空炸弹等空军兵器的构造原理、战斗性能、应用范围、研制试验、操纵使用、技术保养、储存管理及其在战争中的地位、作用等的一门技术学科"①。

---

① 谢储生编著. 现代军事学科词典 [M]. 北京：中国书籍出版社,1994: 192.

291. 空中战斗摘要 ／[著者不详]

　　该书共分为两章，主要介绍了空中战斗相关的索敌法、敌情判断等内容。搜索敌机并判断敌情是空军军事行动的重要任务内容。空中索敌即空中搜索，在航空器上用目视或机载设备搜寻、识别空中、地（水）面目标的行动，是航空兵实施空战、截击、轰炸、强击和航空侦察等战斗行动时，及时发现目标，争取主动的首要环节①。

---

① 夏征农，陈至立主编；郑申侠等编 . 大辞海：军事卷 [M]. 上海：上海辞书出版社，2015：276.

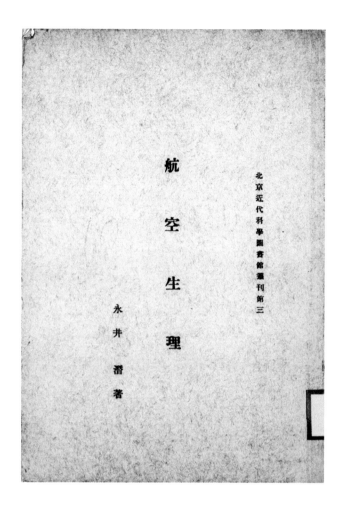

292. 航空生理 ／[日] 永井潜著

　　该书为"北京近代科学图书馆丛刊"的第三种，该书为日本东京帝国大学医学部长永井潜以交换教授身份来中国在北平大学医学院的公开演讲内容。演讲总共有五次，该书即是根据这五次讲演整理而成的。

　　航空生理学，正确的叫法是飞行中的人体生理学，它是生理学的一个特殊部分。航空生理学是研究身体在现代航空所特有的条件下之机能状态之学科①。

---

① 军事医学 [M]．北京：人民军医出版社，1956：134.

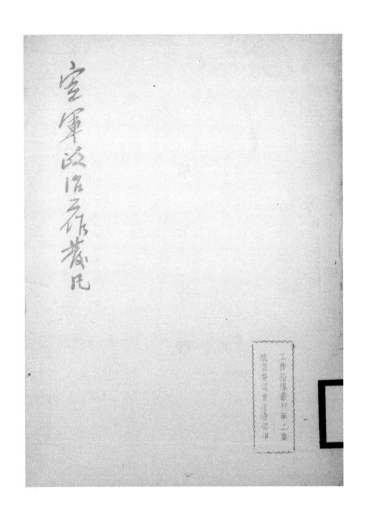

293. 空军政治工作发凡 /[著者不详]

该书共分为九部分内容，主要讲述中国空军政治工作问题。该书总结了空军政治工作遇到的问题及对策，认为开展空军政工工作的同志之所以感到工作困难，在于整个政训工作未能迅速展开新的局面，另外政工人员本身对于政治工作的性质和作用不甚明了也是原因之一。

尹希认为，作为空军政治工作人员，不仅应当对于政治工作的性质、政工人员的修炼要深入了解，还应当对空军环境和对象的特性、空军政治工作的优越条件和困难，以及当前的核心问题和工作方式问题都有正确的认识。

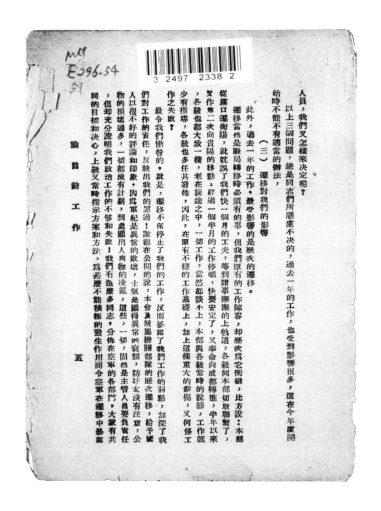

294. 论目前工作 ／［著者不详］

国图所藏为残书，缺页，无封面，为原书的第五至第十六页，包括原书中的第二节新阶段的新任务与第三节我们的希望和决心。原书内容为 1939 年 3 月 1 日发布的面向空军的训示，作者认为，当下工作的重心有三条，其一是强调抗战胜利的信心，其二是尽最大努力调整全军将士生活，其三是整饬全军的纪律，并呼吁空军将士们建功立业，站到时代的最前哨。

295.飞机构造与修理 ∕［著者不详］

该书共三章六十四节，主要包括飞机构造学的名词解释、飞机构造原理、飞机各部修理法等内容。书中对于飞机专有名词都做了英文对照。飞机构造与原理为当时航空工程技术的一门重要课程，如台湾中央大学、清华大学以及后来组建的西南联合大学都曾开设相关课程。

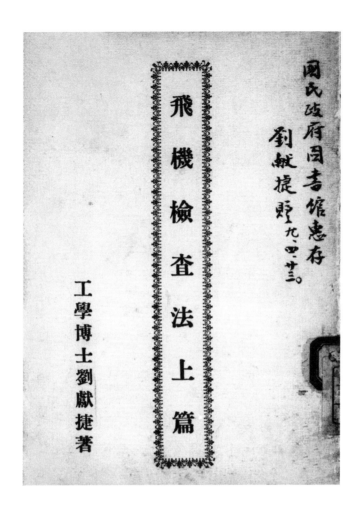

296. 飞机检查法 ／ 刘献捷著

该书主要介绍了飞机的试飞及检查、驾驶相关检查、各项性能检查等内容。国图所藏为该书的上篇。

现代民用航空的飞机检查至关重要，通过飞机检查及时完成航空维修任务，以确保飞行安全。现代航空维修，在飞机上进行检查的方法和等级，采用了国际通用的定义，包括一般检查、飞机系统检查、区域检查、结构检查、隐蔽损伤的检查等。航空维修通常使用各种检查方法，确保对飞机、发动机、部件进行适当的维修，其中大部分飞机检查工作是由机械员承担的，但是使用特殊方法进行特殊检查则是由检验员承担[1]。

---

[1] 杨文锋主编．民用航空质量管理理论与应用 [M]．成都：西南交通大学出版社，2015：164—165．

297.飞机学／航空机械学校飞机组编

该书共分为七篇三十一章，主要包括飞机史略、飞机构造概要、航空材料、飞机之修理、飞机之维护、飞机各部之构造及飞机原理等内容，并有附录讲述保险伞的使用及构造。该书中附有大量飞机构造等插图。

该书为航空机械学校的教材。随着中国空军力量不断壮大，飞行部队的规模也随之不断增大，于是就相应需要能够担负飞机维护、修理等勤务工作的航空机械师。早在1931年4月的全国航空会议上，留英生沈德燮提出了设立航空机械专门学校的提案[1]。航空机械学校于1937年在南昌建立，其主要训练内容与中央航空学校机械科的训练内容大体相同。总的计划分为三部分：一、航空机械技术训练为主要部分；二、政治训练，即思想教育；三、军事训练，主要是养成军人姿势，习惯军队礼节，能够遵守军风纪律[2]。

---

[1] 王建明著.留学生与近代中国军事航空研究 [M].桂林：广西师范大学出版社，2016：190.
[2] 全国政协文史资料委员会编.文史资料存稿选编：军事机构：上册 [M].北京：中国文史出版社，2002：579.

298. 航空机械 /[著者不详]

国图所藏为全书的第三卷，根据索引，该刊第三卷共分为十一类内容，主要包括空气动力类、结构类、发动机类、军械类、仪器类、电器类、材料类、气象类等内容，主要是关于航空机械设备的基础知识。根据卷前语，该刊为初创，重在通讯，因而名为《航空机械通讯》，后改为《航空机械》。1937 年至 1938 年出六期，后续出三期，因战局动荡，被迫中断。鉴于当时国际形势激荡，各国空军的发展突飞猛进，因而继续发行该刊，以宣传空军建国的急迫。

299. 侦察飞行队讲义 /[著者不详]

该书共分为四章，主要介绍了单机教练、编队教练、队教练、团教练等内容。该书内页中有"李志森先生惠赠"字样。侦察飞行队的主要任务是搜索联络射击观测，搜集军事情报以供高级指挥官使用，作为作战指挥的重要资料，同时又可以与地面军队进行协同作战，尤其是步炮兵。该书主要用于对侦察航空兵的训练，书中称之为"空中勤务员"。

侦察航空兵一般由侦察飞行部队和情报人员组成。具有快速、远程、机动和全天候的侦察能力，其主要任务为查明敌重要目标和地形、气象等情况，为各军、兵种的作战行动提供航空侦察情报资料[1]。

---

① 邹瑜，顾明主编.法学大辞典 [M].北京：中国政法大学出版社,1991: 994.

300. 航空无线电信学 / [著者不详]

　　该书共分为七章，主要介绍了航空无线电学的有关内容，包括电波原理及其传播、真空管的构造及其机能、送信和受信装置、无线电话等。

　　无线电学是研究利用无线电波传送各种信号的科学，其研究范围包括电路和网络理论，信号的分析，电磁波的发射、传播和接收，电振荡的产生、调制、检波和放大，无线电元件和设备的原理、设计和应用。无线电技术早期用于电报、电话，以后逐渐扩展到广播电视、测向、定位、遥测、遥控等多个方面的应用[1]。

---

① 姜振寰，吴明泰等主编 . 技术学辞典 [M]. 沈阳：辽宁科学技术出版社，1990: 194.

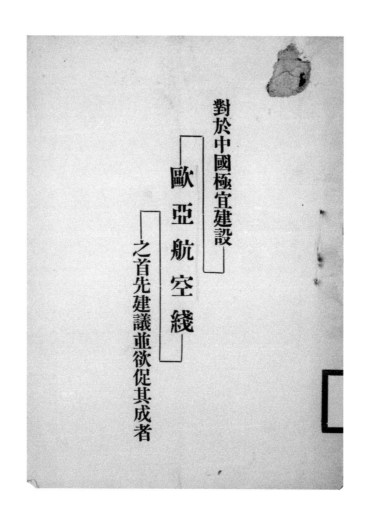

301. 对于中国极宜建设欧亚航空线之首先建议并欲促其成者 ／[著者不详]

　　该书主要介绍了建设欧亚航空线的建议，主要内容包括欧洲与东亚的航空线、德国汉沙公司之史略及其成绩。作者认为，若要与各国建立友谊，建立政治经济关系，首要的是促进彼此之间的交通联系，因此各国之间的交通公司负有重要责任。作者着重宣传了德国汉沙航空公司的实力，积极提倡借助该公司力量，开辟与增加欧亚航线，以期实现该公司所谓"万国航空线之计划"。

302. 航空救国 ／ 国民航空协会编

该书主要包括四部分内容，主要介绍了航空救国的意义、航空救国的实效、列强航空事业的概况、航空救国的具体办法。

该书认为由于当时中国科学研究落后，国防上交通上的科学设备不完备，因此各帝国主义无时无刻不怀有侵略中国的野心，包括政治、经济、文化、交通、军事等均以侵略手段作为对中国的政策，致使中国陷于次殖民的地位。尤其，日本军国主义更是明目张胆的实施侵略。而要抵抗侵略，挽救中国，非努力发展航空事业不可，因为航空事业是控制各种侵略的有效手段。该书认为孙中山主张"航空救国"即是由于该原因，航空救国是诸多救国途径中收效及功能最大的。

303.814——中国空军抗战二周年纪念册／航空委员会特别党部政治部编

　　该书为国民政府时期空军参加抗战二周年纪念册，用以纪念中国空军抗战首次胜利。1937年8月13日，日本制造上海事变，侵华战争全面扩大化。"八一四"一役，中国空军在成立后极短的时间内即加入抗战，并取得了胜利，击落敌机六架，这对于鼓舞民心士气，具有重大的意义。

　　该书共收文六篇，包括《"八一四"纪念敬告我空军同志》（简朴）、《英雄的"八一四"》（丁布夫）、《两年来空军抗战检讨与未来任务》（田鹏）、《中国空军抗战的两周年》（惠之）、《二年来世界空军总检讨》（杜秉政）、《"八一四"——光荣的起点》（方敏）。

304. 照相天幕说明书 /［ 著者不详 ］

　　该说明书共分为五章，主要介绍了照相天幕的构造、建设法以及使用注意事项等。根据该书所述，照相天幕是为达成侦察搜索任务的必备设施。照相天幕为屋形，三个为一组，第一号以暗室作业为主，第二号以完成照相洗涤操作为主，第三号以实施图工作业为主。该设施设备还包括照相作业车，其对于执行特种任务极为便利，与照相天幕组合使用，增强其可移动性，对于实施侦察任务，发挥了重大作用。

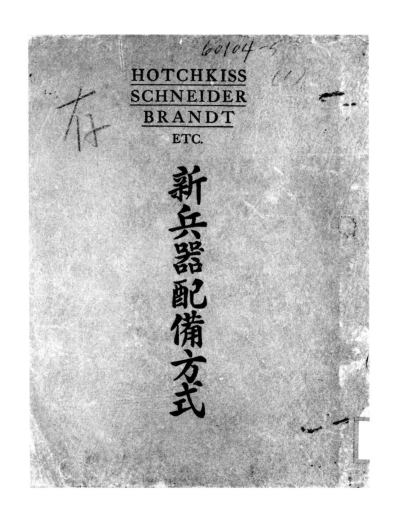

305. 新兵器配备方式 /[法]马骧编

该书主要包括法国哈乞开斯、士乃德、布郎德等厂生产的各种兵器的照片及说明等。马骧为法国军械驻华总代表，该书尤其强调了各兵工厂的悠久历史，如哈乞开斯厂制造自动兵器六十余年，堪称自动兵器厂之先进。士乃德厂制造火炮在当时已有百年历史，也是著名的火器制造公司，而布郎德厂则专精于迫击炮的制造。该书着力鼓吹法国上述三家兵工厂制造的兵器，符合中国当时的实际使用需求。

306. 航空战术讲授录 / [著者不详]

国图所藏为该书的第一编，共分为六章，主要介绍了日本航空队的编成、战斗飞行队、爆击飞行队、侦察飞行队、飞行场和气球队等内容。军事航空部队的运用可分为两种情况，一种是作为独立于陆海军的军种，另一种为与陆海军协同作战，作者倾向于第二种情况，以空军应当与陆海军协同作战为基础，讲授航空各部队之运用，以高级指挥官的航空部队运用为主，摘述与之相关的各航空部队长之部署，以及与地上部队的联系等。

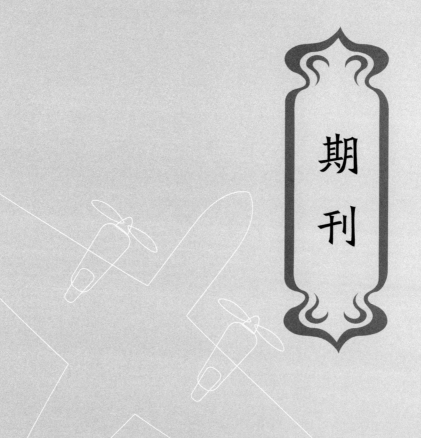

期刊

1. 航空（*Aeronautics*）／航空月报编纂所编

该刊为中国最早的航空航天类期刊，是北洋政府时期最为重要的航空类期刊。刊名由曲同丰、张厚琬题写，后附有增刊号，其中有部分英文内容。该刊虽为月刊，但由于时局动荡等因素，常常无法按月出刊，不过在当时仍然具有较高的影响力。创刊号有时任航空事务处处长丁锦撰写的发刊辞。1925 年第五期至 1926 年第三期改名《航空月刊》，共二十期，其卷期号续前。

该刊宗旨在于振兴中国航空事业，团结民众，保卫中国之航空，栏目有《论说》《学术》《译述》《专件》《杂俎》《纪事》等，主要包括中国航空以及防空的发展动态的文章和信息，促使越来越多的中国人关注航空事业。更名为《航空月刊》后，主要刊载与军事和航空事业相关的学术论文和政府公文，并报道国内外的相关航空新闻，栏目上较前更为充实，增加《军事航空》《商业航空》《专载》《琐闻》《空中世界》《命令公牍》等①。

---

① 姚远，王睿，姚树峰等主编. 中国近代科技期刊源流（1792～1949）：下 [M]. 济南：山东教育出版社，2008：823—824.

2. 御风／北京中华航空协会编

该刊创办于 1923 年 1 月 1 日，共发行出版十一期，刊名由黎元洪题写。该刊为半月刊，每月的首日及月中出版，直至 1923 年 6 月停刊。该刊宗旨在于普及航空新知识、宣传民间航空事业、报告世界航空消息，登载有关于航空领域的学术著作、译著、公牍和时事新闻等，内容上宣扬持论公正，不受不同党派政见所左右。

中华航空协会是中国最早的社会航空组织，1921 年 5 月 1 日在北京成立，会长为汪大燮，副会长为王宠惠，唐宝潮、蒋方震等为干事。该组织在 1922 年 10 月加入国际航空协会，对中国航空建设协会产生深远影响。

3. 航空月刊／国民政府军事委员会航空局航业处宣传科编

该刊创办于 1925 年 11 月，开辟有《译述》等栏目，共发行二十期，至 1929 年 10 月停刊，主要刊载国内外航空新闻、飞机原理与构造、世界航空业发展情况等。该刊第六期由国民革命军总司令部航空处编辑出版，第八期起由航空同志总会编辑出版，第十七期起由中华航空协进会第二特别区分会编辑出版。发刊期间曾休刊。广东航空同志会于 1925 年在广州成立，目的是提倡民航和建设空军，后来改名为广东航空救国同志会，对《航空月刊》的出版做出了重要的贡献①。

---

① 张帆 . 南京国民政府民用航空业研究（1927 ~ 1937）[D]. 河南大学，2007.

4．中华航空周报（*Chinese Aeronautical Weekly*）／中华航空协进会中枢宣传部编

该刊为航空会刊，主要刊登介绍中华航空协进会的组织经过以及文件、记录、航空条例、航空消息等内容。民国早期，民用航空事业的建立与发展很大程度上依赖于政府的支持。国民政府根据发展需要，制定相关政策、法律，为其发展提供制度保障，并积极参与民航事业的发展，组建航空公司，起了带头作用。国民积极奔走呼应，海外华侨积极参与其中，成为民航发展的重要支持者并发挥了重大作用。1928 年，民间航空组织"航空救国会"在广州组建民用航空公司，随后与其他机构合并成立中华航空协进会，为发展中国航空事业起到了积极作用[1]。国家图书馆仅藏有该刊的创刊号。

---

① 吴亮，周建华．民国初期民用航空事业的兴建与发展 [J]．西南文理学院学报（社会科学版），2014(6)．

5.航空杂志／航空杂志编辑室编

该刊在杭州创办，自1934年第五期起迁至南昌出版，1935年再迁往南京出版，1938年第十期起迁汉口出版，1938年第十一期起迁成都出版。

为"扩充航空宣传，开发航空原理及增进人民航空知识"，军政部航空署情报科于1929年3月创编了《航空杂志》。该刊创刊时，蒋介石、谭延闿、冯玉祥、阎锡山、宋子文、蔡元培、胡汉民等政府要人均有赠题。《航空杂志》本身具有浓厚的官方背景，其作者以空军内部的技术人员、军校教官以及相关领域的学者为主，多具有留学背景，掌握专业知识，多有公职。《航空杂志》的内容呈现出重视技术研究、关注国外航空先进水平等特色[1]。

---

[1] 周天一.1935～1937年《航空杂志》与抗战前的航空热潮 [J].赤峰学院学报（科学教育版），2011（12）.

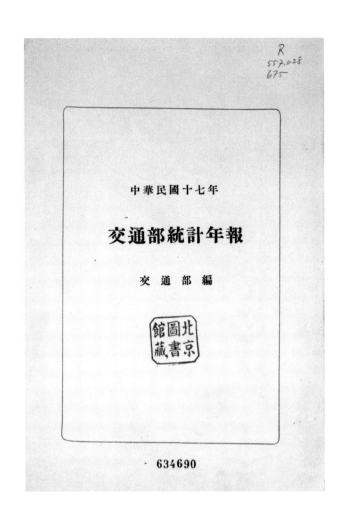

6. 交通部统计年报 ／ 交通部总务司第六科编

该刊包括《中华民国三十四年交通部统计年报》《中华民国三十一年交通部统计年报》《中华民国十七年交通部统计年报》《中华民国二十二年交通部统计年报》等，1934 年 1 月至 6 月的题名为《交通部统计半年报》，目前见存的最后一期为 1948 年 2 月的，统计截止于 1946 年。

统计年报中收录了大量有关中国航天航空事业发展的统计材料，如中国民用航空飞机失事统计、民用航空飞机架数等，反映了当时国内航空事业发展的基本情况，是研究这一时期航空情况的重要史料。

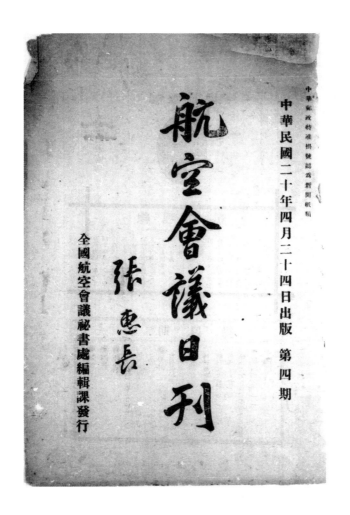

7. 航空会议日刊 / 全国航空会议秘书处编辑课编

该刊由全国航空会议秘书处编辑课编辑出版，旨在宣传航空知识、介绍空军建设和民航建设以及相关国内外信息。

20世纪30年代，面对世界各大强国均在全力发展航空事业的局面，中国却举步维艰。为加快中国航空事业的发展，南京国民政府于1931年4月20日至25日召开了全国航空会议。在"航空救国"的号召下，国民政府各级官员与航空学者济济一堂，共商航空发展大计。这次会议对中国航空事业的发展产生了深远影响，是中国现代航空事业发展的一个转折[1]。

---

[1] 谭备战.1931年的全国航空会议及其影响 [J].江西社会科学，2007（8）.

8. 空军月刊／空军总司令部技术处编

该刊由插图、译著、航空新闻、法则、呈文、调令、指令、国府命令、航空杂俎等内容组成，刊名、发刊词由张惠长题写。刊前有总理遗像、总理遗嘱。在卷头语中，编者首先分析了国家所面临的国防危机，认为当时中国在俄、日两国虎视眈眈之下，必须在军事上担负起御外救亡的责任，让同志、民众意识到发展航空的重要性。

张惠长曾历任航空队队长、航空处处长、航空学校校长、西南空军总司令、南京政府航空署中将署长、国民党四届中央委员、驻古巴公使、中山县县长、国大代表等职。为实现孙中山"航空救国"的思想，张惠长曾进行中国有史以来首次全国飞行，掀起了全国性的"航空救国"热①。

①赵荣芳. 中国第一个全国飞行家：张惠长 [J]. 航空史研究，1994（2）.

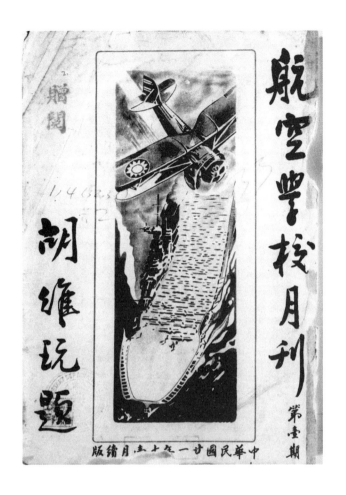

9. 航空学校月刊／航空学校编译处编

该刊刊载了大量有关航空学术及法律政策方面的译著，收录有大量关于航空的言论、知识、调查纪实和新闻等，旨在宣传航空事业，培育航空人才。栏目包括《插图》《论说》《译著》《校务状况》《新闻》《法则》《航空杂俎》等。胡维玩为该刊题写刊名和发刊词，另有曹醒仁发刊词一篇。第十七期起改名为《空校月刊》，期号续前。

南京国民政府建立后，随着世界范围内航空业的迅速发展，中国国内航空知识的宣传与普及也进入了一个新的阶段，该刊即为其中一种，在向国人宣传航空知识、介绍空军建设和民航建设以及相关国内外信息方面起到了重要的作用①。

---

① 袁成毅. 国民政府防空建设史料整理与研究述评 [J]. 抗日战争研究，2001（8）.

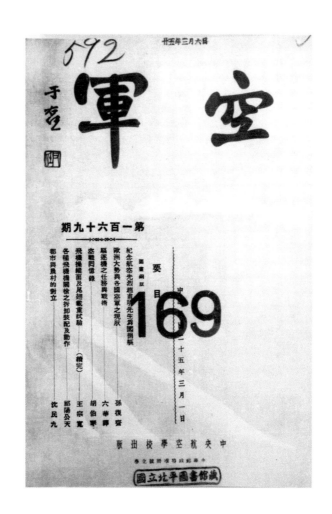

10.空军／中央航空学校编

该刊由中央航空学校政治训练处出版，于右任题写刊名，蒋坚忍作发刊词，该刊在183期之后开始有卷的标识。蒋坚忍认为，在帝国主义浪潮席卷下，民族危机进一步加深，不可对和平妥协抱有幻想，应以铁还铁、以力还力，呼吁人们投身到民族斗争的前线去。该刊介绍了日本、苏联、英国、意大利等国家航空发展情况，收录了有关航空人才培养、技术等方面的材料信息，其内容不止于航空事业本身，还有大量介绍世界政治军事外交形势和社会发展的内容。

11. 平汉一、二号飞机命名典礼特刊／平汉一、二号飞机命名典礼筹备会编辑

在国难深重的背景下，1934 年 1 月 17 日，平汉铁路员工捐款二十一万元购机两架，分别冠名平汉第一号和第二号，飞机命名典礼在汉口举办，该刊为此次典礼特刊，收录多篇有关空军救国、空军建设等方面内容的文章。刊前有总理遗像及总理遗嘱，以及为祝贺此次典礼的蒋中正、何应钦、孙科、唐生智、居正、何成濬、王世杰、林我将、刘峙、熊式辉、贺耀祖、黄郛、陈立夫、张群、刘镇华、吴国桢等人的题词。

12. 空军画报 ／ 中国国民党国民革命军空军特别党部执行委员会编

　　该刊在杭州创办，后迁往南京。主要栏目有《航空学术研究与译述》《航空及史料》《各国航空消息》《航空书报介绍》《航空人物素描》等。20 世纪 30 年代后，国民革命军的期刊出版出现了全面化和向中下层发展的趋势，《空军周刊》《革命空军》就是其中具有代表性的军兵种刊物。

13. 航空画报 / 中国航空协会画报社编辑

该刊旨在促进航空救国、唤醒国人认识航空现状，收录了大量关于中外航空动态、航空知识、航空技术、航空名词、航空器等方面的内容。1935 年后，刊名更改为《航空》后，为半月刊。

1932 年"一·二八事变"后，航空署长黄秉衡，鉴于建设航空之必要，所以积极提倡并组织建立中华航空救国会。12 月 31 日，中华航空救国会经行政院正式聘任王晓籁等二十一人为理事。1933 年 1 月，中华航空救国会更名为中国航空协会，随后在各省市建立分会，组织中国飞行社，发行《航空画报》[1]，该刊成为宣传航空救国的重要阵地。

① 谢遵议. 航空与救国：中国航空建设协会述论 [D]. 西南大学，2016.

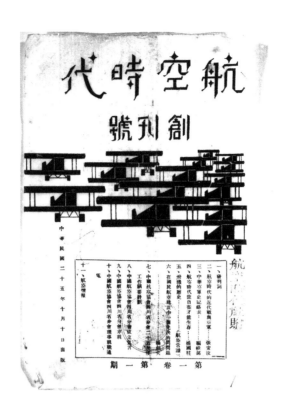

14．航空时代／中国航空协会四川省分会航空时代杂志社编辑

该刊于 1936 年 10 月 10 日创办于成都，1937 年 5 月更名为《航空建设》，改为月刊，在重庆发行。该刊以"灌输航空知识，发展航空事业，巩固国防"为宗旨，向普通大众介绍国内国际上的航空事业及现状，搜罗刊载有关先进国家航空发展的知识和学术内容，包括航空领域的学术论文以及世界各国航空建设情况的介绍，目的在于促进和激发民众对航空事业的了解和热情，增强航空救国的意识。1947 年 4 月 15 日起，出版地改为重庆，1944 年 3 月至 1945 年 2 月，1945 年 5 月至 1947 年 3 月间停刊。

15. 航空机械通讯／航空机械通讯社编，航空机械月刊社编辑

该刊刊载有研究航空机械的译述、机械学术研究通讯、学术讲演记录、从事机械工作的心得、世界航空珍闻以及中外科学书报的摘要介绍等。内容有部分英文。1939 年 1 月起出版地改为成都，第二卷第一期起由航空机械月刊社编辑出版。1937 年 9 月至 1938 年 12 月休刊，1944 年 1 月至 5 月再度休刊。

全面抗战前夕，中国空军力量逐步发展，亟需一大批具有一定技术、文化知识的航空机械师，担负飞机维护、修理等勤务工作。早在 1931 年 4 月的全国航空会议上，便有人提出设立航空机械专门学校。1933 年，南京国民政府军事委员会航空署指定该署机械处处长钱昌祚成立筹备处，负责筹办航空机械学校的工作。1936 年 3 月 16 日，航空机械学校正式建立，钱昌祚任校长，副主任、教育长为王士倬。该校建立之后，创办了《航空机械通讯》，钱亲自撰写发刊词，称"谋以新的知识与技能，随时介绍于从事航空机械之同人，使其日新又新，努力精进，不至故步自封，十寒一暴。并以公诸国人，藉为参考之助"①。

---

① 王建明. 留学生与近代中国军事航空研究 [D]. 南开大学，2012.

16．航空知识／航空知识社编

　　该刊旨在推动航空技术研究，引入国外航空相关信息，以向社会大众宣传推广普及航空知识为主要工作，介绍各国航空的名人言论、学术论著以及航空故事等，与《航空杂志》等都为航空杂志社编辑出版。1937 年全面抗战爆发，《航空知识》停刊，其原因在《航空周报》创刊号启事中言道："以时局紧张，纸张来源缺乏，奉令暂行停刊。"二者停刊后，《航空周报》接力发行数期。

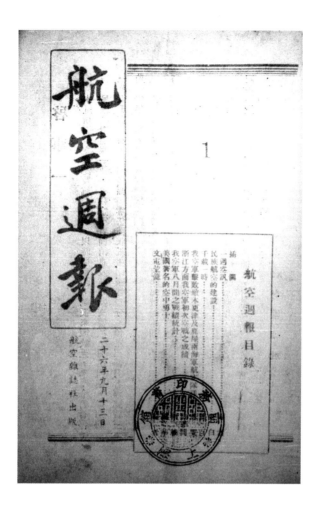

17. 航空周报 / 航空杂志社编

　　该刊于1937年9月30日首次发行，内有《插图》《一周空讯》《摄影灯》栏目，刊载欧美各国航空要闻、日本空军的相关情报以及中国空军对日作战所取得的成绩，月出四期，每期一万五千言左右。因时局紧张、纸张来源缺乏，杂志社同时停刊《航空杂志》与《航空知识》。该刊照片多幅，专载空军方面消息，旨在介绍空军知识，激励民心士气。

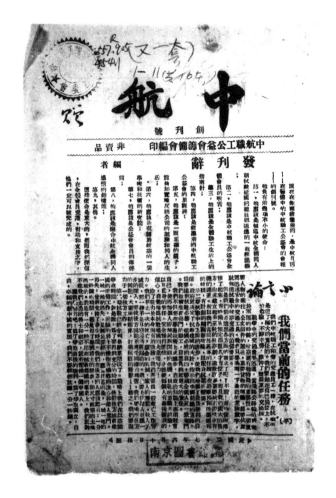

18. 中航 / 中航职工公益会筹备会编

该刊创办于 1938 年 6 月，刊内有《小言论》《专论》《中航生活》《各地风光》
《同人消息》《特辑》《会务报告》等栏目。办刊定位共有八项：一是领导中航
全体同仁，朝抗敌建国的总目标迈进的一枚推进器；二是中航职工公益会全体会
员的喉舌；三是全体职工生活上的指南针；四是前进着的中行职工公益会的里程碑；
五是一面正确的镜子，能够如实地反映公司的业务和同人的生活；六是有关于航
空的一切学术和技术的研究员；七是公益会会员的传声筒；八是融合中行全体同
人感情的熔铁炉。目前见存的最后一期为 1939 年 4 月发行的。

"中航"即中国航空公司，成立于 1929 年 4 月 15 日，直属于国民政府，与
成立于 1930 年 2 月的中央航空公司并称"双航"。中国航空公司经历抗战后，无
论物质基础还是技术力量，在东亚地区堪称第一，其职工公益会以发扬互助精神，
建设职工福利事业为宗旨。

19. 航建旬刊 ／ 中国航空建设协会贵州省分会编

该刊又名航建月刊，由中国航空建设协会贵州省分会编辑出版。刊内登载有航空军事的新闻、世界形势和抗战局势的变化、防空知识以及会务概况等内容。中国航空建设协会成立后，积极开展各种航空救国活动，包括征募会员运动，积极开展航空募捐，进行航空建设宣传，出版各种书籍、刊物，如《航建旬刊》《航建导报》《航空建设》等，促进了民国时期航空事业的发展，充实了国防①。此外，航建旬刊编辑部所辑《贵阳指南》是研究贵阳地区历史情况的重要文献。

---

① 谢遵议. 航空与救国：中国航空建设协会述论 [D]. 西南大学，2016.

20．中国的空军（*Chinese Air Force*）／中国的空军出版社编

该刊为抗战时期国民政府军事委员会发行的航空军事期刊，每期印发约五万册。刊内所登载内容主要以二战局势变化以及中国空军战绩为主，该刊自1939年4月起，先后在武汉（一期—十五期）、重庆（十六期—三十六期）、成都（三十七期—八十一期）、南京（八十八期——百二十期）等地出版。第三十九期—五十三期由铁风出版社发行。目前见存的最后一期为第一百二十期（1948年12月）。该期刊有多个专号，第八十八期—九十七期有英文并列题名。发刊词指出，抗战以来的经验证明，现代空军是国防的重要支柱，掌握着战局胜败的关键，"保卫祖国，建设空军"是中国空军的唯一任务。

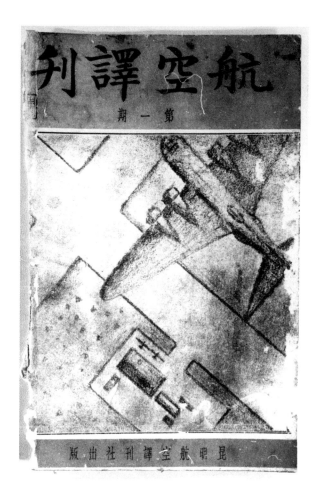

21. 航空译刊 / 航空译刊社编

该刊于 1939 年 1 月起出版发行，国家图书馆藏有该期刊第一期—十一期，并藏有该期刊 1939 年 1 月至 1940 年 3 月共十一期的缩微文献一卷。该刊由时任空军军官学校教育长周至柔题发刊词。当时在空军设施方面乏善可陈，介绍航空学术的定期刊物也比较少，基于此种情形而创办该刊，也有利于推动空军军官学校的军官培养工作。出版《航空译刊》旨在"以译述为研究，促进知识积累，鼓励求知与实践；从介绍到发明，学术具有世界性，现成的东西拿到手，未来的东西才可以成功"。

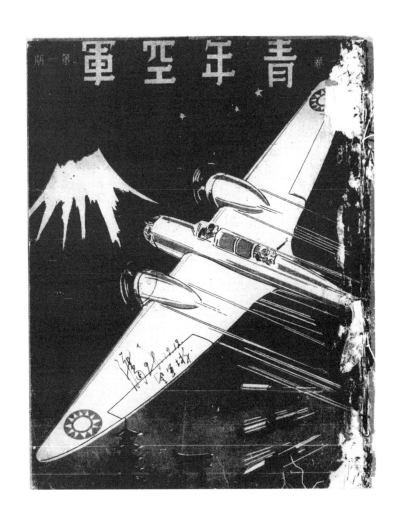

22. 青年空军／空军军士学校青年空军出版社编

　　该刊创办于 1939 年 12 月 10 日，每卷共六期，"以发扬空军精神，研究航空学术，检讨时事问题，宣达抗战国策为宗旨"，刊载内容包括航空空军学术论著译述、空军教育、空战研究、时事新闻、通讯及文学类内容。五至六卷由刘炯光题写刊名，第七卷一至四期由李怀民题写刊名，李才、胡秉乾任总编辑。

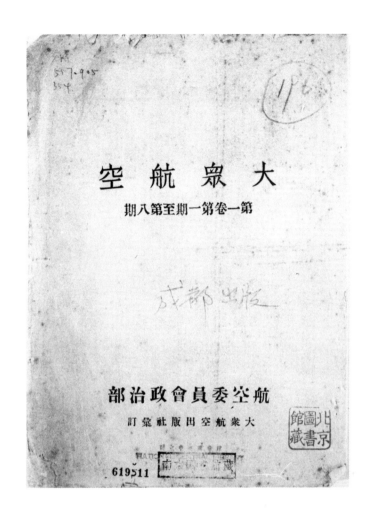

23. 大众航空／大众航空社编

　　该刊设有《社论》《特载》《滑翔讲话》《文艺阵地》《航空教材》等专栏。根据该期刊的创刊致辞，该期刊其实由另外的期刊《现代航空》演化而来，并已在前一年第二十二期的《现代航空》中做了说明。创立该期刊的目的在于推动大众航空化，航空大众化，普及航空知识，推广航空运动，主张航空事业的发展不仅是政府的事，亦有赖于民众的协助。该刊初创时为旬刊，1940年改为半月刊，1941年起为月刊。该刊于1939年开始发行，自第四卷八期起尺寸为十九厘米。

24. 航建导报 / 四川航空建设协会分会编

　　该刊创办于 1940 年 10 月，仅出两期。报名由四川省主席贺国光题写，创刊号有周至柔题写的"发扬韬厉"，邓锡侯题写的"行空天马鸣"等字样。贺国光认为，只有拥有强大的空军才能自保，列举捷克、荷兰、法国的前车之鉴，而航空建设不仅有利于国防，对于经济、文化、交通、测量、交通、救灾、农业等领域皆有裨益，呼吁民众加入航建协会，积极为航空事业捐款，各式人才投身于航空救国，资本家应以各种方式支援航空事业。丰子恺为该报绘制插图多幅。

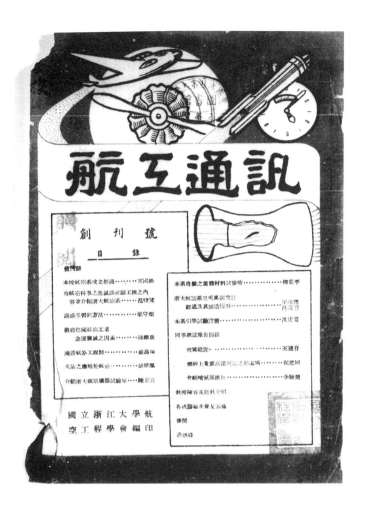

25.航工通讯／国立浙江大学航空工程学会编

　　抗战时期，沿海地区一批高等院校西迁，其中浙江大学迁往遵义和湄潭，师生抗日情绪高涨，组织出版了一批具有浓厚学术性、政治性和专业性的期刊，该刊即是其中之一。目前，只存此一期。

26.航工季刊／国立中央大学航空工程学会编辑

　　该刊由重庆国立中央大学航空工程学会编行，编辑有柏实义、董绍庸、卢孝彭等人，刊内收录有罗荣安、黄玉珊等专家学者的学术论文。该刊虽然由于财力、物力缺乏等因素仅发行三期而停办①，但依然能从中领略早期航空创业者的辛勤和努力。

----

① 该书编辑组编.黄玉珊教授纪念专集[M].西安：西北工业大学出版社，1991：55.

27. 空讯 / 空讯周刊社编

　　该刊创办于 1940 年 7 月，刊名由周至柔题写。早期由成都空讯周刊社编辑兼发行。该刊于 1941 年 11 月起与《航空杂志》合并。该刊旨在将当时世界和中国一切有关空军的消息按期及时进行发布，作为研究和改进的预备工作，尤其关注当时正在急剧变化中的欧战空讯。通过有关空军发展的新战术、新学术、新技术的信息传递，促进中国空军的发展进步。

28. 铁风画刊／胡克敏、王树刚编辑

该刊是专门以空军题材为主的绘画刊物，共出版七期。抗战爆发后，大批文艺界人士西迁至成都，促进了美术出版的发展，《铁风画刊》就是其中具有代表性的专业性美术期刊。刊内曾登载有丰子恺的《再接再厉为空军救国尽忠报国的气节》《冒险敢死为空军救国死中求生的出路》等漫画作品，将空军建设以通俗易懂的方式向大众宣传，取得了十分积极的效果。

29. 机声月刊／机声月刊社编

该刊创办于 1941 年 1 月。该刊宗旨在于促进文化传播，让民众了解战争的发展情况和军事情势的变化，刊中登载了有关英国、德国、日本等国的空军发展情况和技术特点的内容，视野辽阔。林伟成在发刊词中指出，虽然大众普遍都感到物质的压迫，却还可以忍耐，但对精神食粮的恐慌却不能掩盖，中国拥有悠久的文明历史，拥有庞大的精神遗产，但民众却感觉恐慌，究其原因在于没有尽到整理、研究和发扬的责任，因此最迫切的需要是解决精神食粮问题，是创造文化。

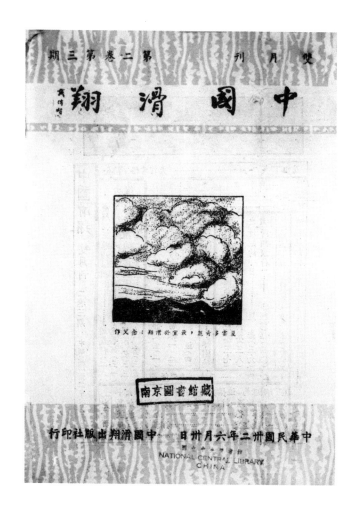

30. 中国滑翔／中国滑翔出版社编

该刊于1941年创办，为当时国内唯一一种介绍研究滑翔运动的刊物，刊内有《专论》《研究》《介绍》《记述》《史料》《滑翔实录》《版画图》《特载》《补白》等多个栏目，所刊文字平实，内容深入浅出。主编为朱惠之，发行人为郝更生，刊名由戴季陶题写。

31. 航空建设／中国航空建设协会总会航空建设双月刊社编

该刊前身为《航空时代》杂志，创刊于重庆，1947年4月15日起出版地改为南京，发行人为航空建设编辑委员会。内载有民国时期航空技术方面的论文集、文学作品。1944年3月至1945年2月、1945年5月至1947年3月期间曾停刊。

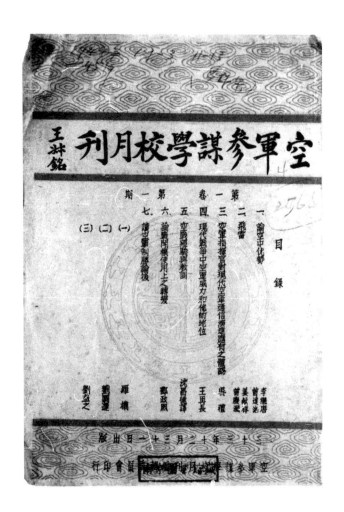

32.空军参谋学校月刊／空军参谋学校月刊编辑委员会编

　　该刊由航空委员会批准发行，编辑和作者以空军参谋学校的海、陆、空军教官为主，所刊内容专业性较强，包括空军发展战略、战术运用等空军军事教育内容，另有多篇文章论及原子弹由来及技术。该刊刊名由发行人王叔铭题写。